桥梁减隔震设计

韩振勇 主编

上海科学技术出版社

内 容 提 要

减隔震设计是一种经济、有效地减轻桥梁震害的设计方法。本书介绍了地震相关知识、桥梁常见震害、减隔震设计原理、减隔震装置、抗震概念设计、防落梁系统等,最后针对既有桥梁抗震性能提升、桥梁抗震设计发展趋势做简要论述。

全书共分8章。第1章简要介绍了地震灾害特点和桥梁抗震发展史;第2章详细介绍了桥梁常见震害,并总结了震害经验;第3章介绍了桥梁减隔震设计方法;第4章介绍了常用减隔震装置的特性、适用条件、设计施工和运维要点;第5章介绍了桥梁抗震概念设计,包括抗震体系分类、抗震概念设计原则、各种桥型的抗震概念设计要点;第6章详细介绍了防落梁系统,包括系统组成、限位装置、防落梁构造、梁端搭接长度、防落差构造等的设计要点;第7章介绍了既有桥梁抗震性能提升相关内容;第8章讨论了桥梁抗震设计的发展趋势。

本书可供从事桥梁设计、施工、管理的工程技术人员参考,也可作为高等院校相关专业师生学习的参考用书。

图书在版编目(CIP)数据

桥梁减隔震设计 / 韩振勇主编. -- 上海:上海科学技术出版社,2022.7
ISBN 978-7-5478-5707-6

Ⅰ.①桥… Ⅱ.①韩… Ⅲ.①桥梁结构—防震设计 Ⅳ.①U442.5

中国版本图书馆CIP数据核字(2022)第098111号

桥梁减隔震设计
韩振勇 主 编

上海世纪出版(集团)有限公司
上海科学技术出版社 出版、发行
(上海市闵行区号景路159弄A座9F-10F)
邮政编码 201101 www.sstp.cn
上海雅昌艺术印刷有限公司印刷
开本 787×1092 1/16 印张 11.5
字数 180千字
2022年7月第1版 2022年7月第1次印刷
ISBN 978-7-5478-5707-6/U·123
定价:98.00元

本书如有缺页、错装或坏损等严重质量问题,请向印刷厂联系调换

前言

我国位于世界两大地震带交汇点,是地震多发国,也是地震灾害最严重的国家之一。作为突发性自然灾害,地震具有发生时间短、波及面广、灾害程度严重等特点,历来是我国最大的自然灾害之一。我国很早就有诸如"鳌鱼翻身"之类的神话传说,描述了古人对地震现象的恐惧。受技术发展水平所限,早年建成的房屋、桥梁等建筑存在抗震性能不足的问题。大部分国人曾体会过地震来时极度的恐慌感和无力感,部分同胞甚至余生都在承受地震带来的痛楚。因此,提高建筑的抗震性能、降低城市安全风险、满足人民群众对城市安全的新期待是工程师的责任。

地震中,直接伤亡大多是工程结构倒塌破坏造成的。作为生命线工程之一的桥梁,一旦遭到破坏,将导致巨大的人员伤亡和经济损失,并影响震后灾区救援和重建工作。桥梁抗震设计方法主要包括延性抗震设计和减隔震设计。早年规范规定的"小震不坏、中震可修、大震不倒"的理念是基于传统的延性抗震设计方法。由于允许塑性铰的存在,强震作用下结构损伤不可避免,震后修复工作量大、耗时较长。在高烈度地震区,延性抗震设计方法可能导致投资大幅增加,甚至设计困难。减隔震设计是一种"以四两拨千斤""以柔克刚"的抗震设计方法。通过设置减隔震装置,改变结构在地震中的动力响应特性,达到延长结构周期、耗散地震能量、降低结构地震响应的目的。配合严密且兼容的防落梁系统,可实现在工程造价不增加甚至降低的前提下,大幅提高桥梁抗震性能,增强应对地震不确定性的能力,对于确保震时桥梁安全、震后迅速开展灾区救援具有极其重要的意义,同时也符合韧性城市建设要求。减隔震设计不仅可用于新建桥梁,在有巨大存量的既有桥梁抗震性能提升中也具有重要的推广价值。

桥梁减隔震设计的有效性已经在世界各地得到验证。相对延性抗震设计来说,桥梁减隔震对设计人员提出了更高的要求。加之地震具有偶然性,往往在设计、建造和运维过程中得不到应有的重视,错失提高桥梁抗震性能的机会。设计是源头,设计能够改造城市,能够提升城市。有感于此,为更好地推广桥梁减隔震设计技术,全书内容力求图文并茂、通俗易懂、注重细节,突出实用性、便利性、可操作性,同时提供丰富的工程案例。

桥梁抗震性能提升是韧性城市建设的重要组成部分,是一项系统而庞大的工程,需要政府、建设者、设计师,以及高校、科研院所等的共同努力。通过减隔震设计在新建桥梁和既有桥梁中的应用,逐步提升我国桥梁的整体抗震性能,提高路网韧性。

全书由韩振勇担任主编,天津大学工程博士、中国建筑第六工程局有限公司科技部副总经理王秀艳参与全书编写,协助资料搜集、书稿编撰等大量工作;同济大学博士研究生贺金海参编第5章和第8章,并为本书提供了部分资料和修改建议;上海市城市建设设计研究总院(集团)有限公司高工李雪峰及中交建设工程检测技术(天津)有限公司高工申慧才参编第7章;柳州东方工程橡胶制品有限公司正高工资道铭参编第4章;中国建筑第六工程局有限公司技术中心高工邑强协助进行资料搜集及插图的绘制工作。另外,本书在编写过程中还参阅了国内外许多学者的著作、论文和研究报告,一些专家主动提供了有关资料,在此表示衷心的感谢。

桥梁减隔震设计尚有不少问题处在深入研究阶段,由于时间仓促和编者认识上的局限性,本书疏漏和不当之处在所难免,恳请广大读者不吝赐教,以便再版时修正。

韩振勇

2022 年 6 月

目录

1 桥梁抗震概论 ·· 1
  1.1 地震灾害 ··· 3
    1.1.1 震害现象 ·· 3
    1.1.2 典型地震 ·· 9
  1.2 桥梁抗震发展史 ··· 14
    1.2.1 古代桥梁抗震 ······································ 14
    1.2.2 抗震法规及规范的变迁 ···························· 17
    1.2.3 地震反应分析方法的演变 ························· 19

2 桥梁震害及启示 ·· 25
  2.1 上部结构震害 ·· 27
    2.1.1 主梁局部损伤 ······································ 27
    2.1.2 主梁结构性损伤 ···································· 29
    2.1.3 主梁横向移位 ······································ 30
    2.1.4 主梁纵向移位 ······································ 31
  2.2 支座震害 ·· 42
  2.3 桥墩与桥台震害 ··· 44
    2.3.1 桥墩震害 ·· 44
    2.3.2 桥台震害 ·· 48
  2.4 地基与基础震害 ··· 50
  2.5 桥梁震害启示 ·· 52

  2.5.1 震害产生的客观原因 ··· 52
  2.5.2 震害教训 ··· 54

3 桥梁减隔震设计方法 ··· 55
3.1 减隔震技术概述 ··· 57
  3.1.1 隔震思想的产生 ··· 57
  3.1.2 减隔震技术的发展 ··· 59
  3.1.3 减隔震措施分类 ··· 66
3.2 桥梁减隔震设计原理及适用条件 ····································· 68
  3.2.1 减隔震设计原理 ··· 68
  3.2.2 减隔震设计适用条件 ·· 71
3.3 桥梁减隔震计算分析 ··· 73
  3.3.1 总体原则 ··· 73
  3.3.2 地震的影响 ·· 74
  3.3.3 减隔震设计流程 ··· 74

4 桥梁减隔震装置 ··· 77
4.1 桥梁减隔震装置概述 ··· 79
4.2 橡胶类减隔震支座 ·· 80
  4.2.1 板式橡胶支座 ·· 80
  4.2.2 水平力分散型橡胶支座 ··· 82
  4.2.3 铅芯橡胶支座 ·· 84
  4.2.4 高阻尼橡胶支座 ··· 86
4.3 滑动摩擦类减隔震支座 ··· 87
  4.3.1 摩擦摆式支座 ·· 87
  4.3.2 拉索减震支座 ·· 89
4.4 阻尼器 ·· 91
4.5 屈曲约束支撑 ··· 94

5 桥梁抗震概念设计 ··· 97
5.1 抗震概念设计概述 ·· 99

5.2 桥梁抗震结构体系 ························ 100
5.3 抗震概念设计原则 ························ 104
5.3.1 桥梁选址原则 ························ 105
5.3.2 总体布置原则 ························ 111
5.3.3 减隔震优先原则 ························ 114
5.3.4 多道设防原则 ························ 116
5.4 各桥型抗震概念设计要点 ························ 117
5.4.1 梁式桥抗震概念设计 ························ 117
5.4.2 拱桥抗震概念设计 ························ 122
5.4.3 斜拉桥抗震概念设计 ························ 124
5.4.4 悬索桥抗震概念设计 ························ 130

6 防落梁系统 ························ 135
6.1 防落梁系统组成及设计流程 ························ 137
6.1.1 防落梁系统组成 ························ 137
6.1.2 防落梁系统设计流程 ························ 139
6.2 限位装置 ························ 141
6.2.1 一般规定 ························ 141
6.2.2 设计要求 ························ 141
6.3 防落梁构造 ························ 143
6.3.1 一般规定 ························ 143
6.3.2 设计要求 ························ 145
6.4 梁端搭接长度 ························ 146
6.5 防落差构造 ························ 147

7 既有桥梁抗震性能提升 ························ 151
7.1 既有桥梁抗震性能提升的必要性 ························ 153
7.2 既有桥梁抗震性能的评估 ························ 156
7.2.1 抗震性能评估的对象 ························ 156
7.2.2 桥梁状况调查 ························ 156
7.2.3 桥梁抗震性能目标 ························ 157

　　　　7.2.4　桥梁抗震性能评估分类 ·················· 158
7.3　既有桥梁抗震性能提升方法 ························ 159
　　　7.3.1　桥梁抗震加固原则 ························ 159
　　　7.3.2　桥梁减隔震化方法 ························ 161
　　　7.3.3　防落梁措施加固方法 ······················ 162

8　桥梁抗震设计的发展趋势 ···························· 165
8.1　更科学地认识地震作用 ·························· 167
8.2　可复原减隔震体系进一步发展 ······················ 169
8.3　路网系统的韧性化发展 ·························· 172

参考文献 ·· 174

1

桥梁抗震概论

1.1 地震灾害

1.1.1 震害现象

地震是由构造地面运动、火山作用、滑坡、岩爆或人工爆破等引起的宽带地面振动。其中,岩石沿着地壳内构造断层的断裂和滑动是引起地震的主要原因。地震引起的强烈摇晃和地面破坏导致工程结构的震害。当断层发生断裂时,实际地震断裂附近的摇晃仅持续数秒或至多几分钟。然而,由断裂产生的地震波在断层运动停止后依然长时间传播,跨越全球大约需20分钟。地震地面运动通常仅在邻近区域很强(如距离地震断层几十千米范围内),足以引起较大震害。长周期运动会引起远处某些小阻尼结构的严重损伤,如1985年墨西哥城里氏(下同)8.1级地震中,距墨西哥城大约400 km处的许多中高层建筑倒塌。地震是最不可预知、最具破坏性的自然灾害之一。作为突发性自然灾害,地震具有发生时间短、波及面广、灾害程度严重等特点。地震暴发时,释放出的巨大地震能量造成地表和工程结构被大量破坏,严重危及人民生命安全和财产安全。

据统计,地球上平均每年都要发生近千次破坏性地震。其中,破坏力巨大的灾难性大地震达十几次。在国外,比较典型的如1989年美国加利福尼亚州洛马·普里埃塔7.1级地震、1994年美国加利福尼亚州北岭6.7级地震、1995年日本阪神7.2级地震、1999年土耳其伊兹米特7.4级地震、2011年日本"3·11"地震(9.0级)。这些破坏性极大的地震大多发生在城市,作为交通要道的桥梁在地震中损毁,严重影响了灾区救援工作,对整个城市产生了严重甚至毁灭性破坏。

我国位于世界两大地震带(环太平洋地震带与欧亚地震带)交汇点,受太平洋板块、印度板块和菲律宾海板块的挤压,地震断裂带十分发育。我国是世界上地震最多的国家之一,也是地震灾害最严重的国家之一。据统计,我国绝大多数省、自治区、直辖市曾发生过6级以上地震。仅最近几十年,我国就发生多次大地震,如1966年3月22日河北邢台7.2级地震、1976年7月28日河北唐山7.8级地震、1999年9月21日台湾南投7.6级地震、2008年5月21日四川汶川8.0级大地震、2010年4月14日青海玉树7.1级地震、2021年5月22日青海玛多7.4级地震等。

地震具有突发性和毁灭性,地震预测至今仍是世界性难题。破坏性地震往往导致直接灾害和次生灾害两大部分。直接灾害,如地表和工程结构的破坏等。次生灾害指由直接灾害诱发的灾害,如火灾、水灾、海啸、泥石流、有毒物质污染等,以及由前述灾害引起的停工停产、城市瘫痪、社会混乱、瘟疫蔓延等。在人口稠密、经济发达的地区,地震引起的次生灾害损失可能远远高于直接灾害。图 1-1 为 1995 年日本阪神 7.2 级地震中,建筑物和基础设施遭受严重破坏(直接灾害),许多居民住宅在震后被大火烧毁(次生灾害)。

(a) 建筑倒塌

(b) 火灾蔓延

图 1-1 日本阪神大地震灾害

与工程抗震有关的地震直接灾害现象包括地表的破坏和工程结构的破坏两大方面。

1) 地表的破坏

地震造成的地表破坏现象主要有地表断裂、滑坡、砂土液化、软土震陷等。

(1) 地表断裂。地表断裂又称"地裂缝",主要包含构造地裂缝和重力地裂缝两种。

构造地裂缝与地质构造有关,是地震断层错动后在地表留下的痕迹。一般来说,构造断裂切割很深,可以从地壳内的岩层断裂起,直达地表,且不受地形地貌的影响。沿着震源体错动方向,构造地裂缝可断断续续地延伸数十甚至上百千米。著名的美国圣·安德列斯断层即典型的构造地裂缝(见图 1-2)。

重力地裂缝是在地震动作用下形成的,受地面土质软硬不匀及微地貌重力影响,与震前土质的稳定状态密切相关,其规模不能反映地震动的强烈程度。重力地裂缝在地震区分布极广,在道路、古河道河岸、堤上等松软潮湿土壤处常见。

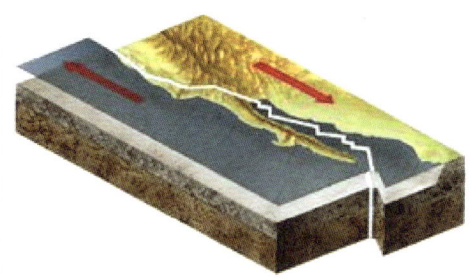

图 1-2　美国圣·安德列斯断层

地裂缝穿过的地方可引起房屋开裂,以及道路、桥梁等工程设施的破坏,并对地下管道造成严重破坏。穿越地表活动断裂带及断裂带附近的建筑、桥梁等极易发生毁灭性破坏(见图 1-3)。

(a) 天津市内道路地裂图　　(b) 京津公路武清县内地震后　　(c) 蓟运河铁路桥桥头
　　　　　　　　　　　　　　公路路面纵向开裂　　　　　　　铁轨变形

图 1-3　唐山大地震地表破坏情况
(图片来自天津市档案馆)

(2) 滑坡。滑坡(见图 1-4)是山区或丘陵地区的典型震害之一。此外,不稳定的人工边坡开挖面及平原地区的河岸等也易出现滑坡震害。地震时,大的滑坡可以切断公路,冲毁房屋和桥梁,堵塞河流,形成堰塞湖。严重时还会导致上游水位上涨,淹没大片土地,危及城镇居民。2008 年汶川地震,山体滑坡等造成的堰塞湖多达 30 余处。

(3) 砂土液化。地震动使排列较松散的饱和无黏性土颗粒产生压实趋势。若短时间内土中的水排泄不出,土体内部就会产生超静定孔隙水压力。当孔隙水压力增大到与砂土剪切面上的正应力相等时,土颗粒便形同"液体"呈悬浮状态,使土体抗剪强度丧失。高压力的孔隙水寻找通道冲出地面,并将砂土颗粒带出,形成"喷水冒砂"现象。砂土液化造成农田破坏和地面不均匀

图1-4 山体滑坡

沉降。1964年美国阿拉斯加地震和日本新潟地震,都是因砂土液化造成地基失稳,导致大量工程结构严重破坏。在我国,1975年海城地震和1976年唐山地震中,也都出现大面积砂土液化现象(见图1-5)。

(a) 喷砂积岛　　　　　　　　(b) 砂土液化农田毁坏

图1-5 唐山大地震砂土液化震害

(图片来自天津市档案馆)

流滑由完全液化的土和盖在液化土层上面的完整土层组成,长达几十米甚至更广大的土体可以每小时几十千米的速度沿斜坡下滑,是砂土液化引起的最具灾难性的场地破坏现象。在1964年美国阿拉斯加地震中,海岸的水下流滑卷走了许多港口设施,并引起海岸涌浪,造成沿海地带的次生灾害。1920年,我国甘肃地震触发了坡谷土体惊人的连续流滑。

唐山大地震时,天津岳阳道古水淀洼地上覆厚 10 余米的松散填充土,潜水深 0.6 m。在地震波作用下,填土向坑心流滑,推挤路面拱起破坏,路旁楼房向心倾斜。古坑后缘形成多条长 20～35 m 的张裂缝(见图 1-6)。塘沽一带海岸也出现 50～100 cm 的土体流滑现象。

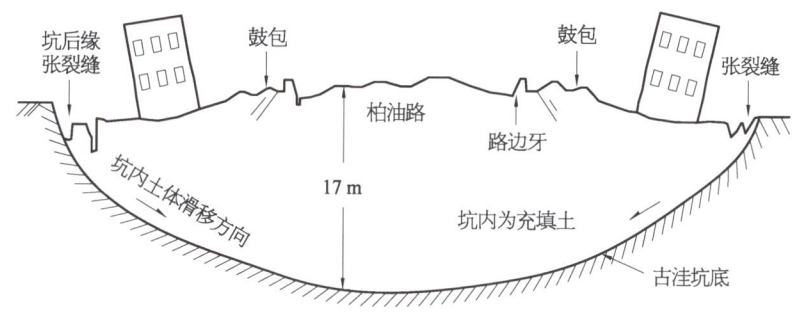

图 1-6 天津岳阳道古洼坑流滑剖面示意图

(4) 软土震陷。一般软土指水下天然沉积的饱和黏性土,包括淤泥、淤泥质土、泥炭质土等。它具有压缩性高、孔隙比高、含水量高、承载力低等特点。我国滨海城市,如天津、上海等地的部分地区属于这类土。软土震陷的主要特征是在强烈地震动作用下,孔隙水压力增大,并从边界排出,软黏土被压密,产生沉陷或不均匀沉陷。对于工程结构来说,特别是超静定结构,不均匀沉陷引起的内力重分布可导致结构破坏乃至倒塌(见图 1-7)。

图 1-7 软土震陷引起结构倒塌

2)工程结构的破坏

地震造成工程结构的破坏一般包括地表破坏引起的地基失效及结构破坏和结构强烈振动引起的破坏两大方面。一般来说,地表破坏引起地基失效及结构破坏属于静力破坏范畴,但泥石流、滑坡等灾害引起的桥梁震害往往包含动力破坏特性。结构自身因地震动效应引起的破坏现象则属于动力破坏范畴。

(1)地表破坏引起的地基失效及结构破坏。强烈地震时,地裂缝、滑坡、崩塌、砂土液化、软土震陷等地表破坏,可导致地基开裂、滑动、不均匀沉降,或直接冲毁、砸毁、淹没桥梁,进而桥梁丧失稳定性和承载力而破坏。次生地质灾害造成的桥梁破坏甚至是毁灭性的。如图1-8所示,2008年汶川地震中,山体滑坡、崩塌等次生地质灾害是极重灾区桥梁破坏的一个主要原因,也是此次桥梁震害有别于近50年我国历次大地震的一个突出特点。在极重灾区国省主干线破坏严重的25座桥梁中,有10座为次生地质灾害所致,占比高达40%。

(a)山体滑落砸坏桥梁　　　　　　(b)桥梁被堰塞湖淹没

图1-8　汶川地震地质灾害造成桥梁震害

一般来说,此类破坏是人为工程所难以抵御的。因此,桥位选择应首先考虑工程地质情况。应尽量远离陡坡、危岩、落石影响范围,避开不利地段。必须对不良地质的桥位进行相应处治。

(2)结构强烈振动引起的破坏。地震时,地面运动引起结构的振动,使结构的内力和变形大幅增加,从而导致结构破坏甚至倒塌。此类破坏主要源于两方面:一是结构遭遇的地震动强度远远超过设计预期的强度,结构无法抵御而破坏(外因);二是在结构设计、细部构造或施工质量上存在缺陷,如结构构件强度或延性不足、各构件之间连接不牢、结构布置和构造不合理等(内因)。

迄今为止,尚无法准确预测桥址处未来可能发生的地震动强度。因此,设计对地震动特性不敏感的结构就显得特别重要。合理的抗震设计并非单纯地提高结构的强度和刚度,而是要设法避免结构出现大的地震响应。桥梁减隔震设计是解决此类问题的途径之一。

1.1.2 典型地震

以下简要列举美国、日本和我国发生的几次典型大地震情况。

1) 美国北岭地震

1994年1月17日,美国加利福尼亚州北岭发生里氏6.7级地震,震中位于加利福尼亚州洛杉矶市中心西北约32 km处。地震动共持续约20 s,其中10 s为破坏性震动。地震动现场附近和结构物上都记录到前所未有的地面运动加速度峰值。其中,圣·费尔南多北部地区记录到的地面水平运动加速度峰值约在0.5~1.0g,远超美国当时规范规定的设计地震动水平。此次地震动包含了一个持续约1 s、峰值高达1.0g左右的加速度脉冲,引起业界广泛关注。北岭地震规范反应谱与实际记录到的地震动加速度反应谱对比如图1-9所示。

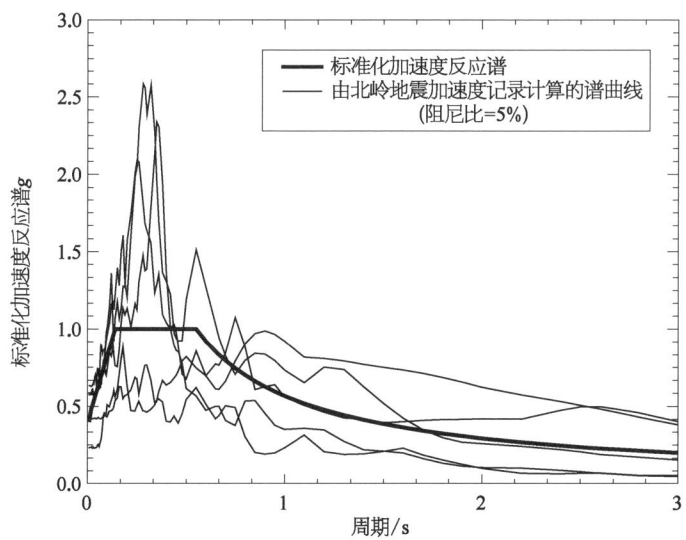

图1-9 北岭地震规范反应谱与实际记录地震加速度反应谱对比图

地震对洛杉矶地区高速公路系统的破坏十分严重。近半出入洛杉矶市区的干道在震后立刻陷入混乱状态,四条主要干道部分关闭了几个月,其中包括全美交通流量最大的10号州际公路和加利福尼亚州南北交通大动脉5号州际公路。

加利福尼亚州运输局负责的12 176座境内桥梁中,洛杉矶市内有2 523座。这些桥梁均修建于20世纪70年代初以前。北岭地震发生前,已有120座桥梁经过第二阶段的抗震加固(主要是对桥墩进行加固)。据估计,洛杉矶市内将近1 600座桥梁位于地面运动加速度峰值超过0.25g的强震区内,包括约60座经过第二阶段抗震加固的桥梁;约20座经过第二阶段抗震加固的桥梁位于地面运动加速度峰值超过0.5g的地区。地震发生后,加利福尼亚州运输局立即详细调查了640座桥梁。其中,9座桥梁严重破坏(包括5座桥梁部分塌落或完全倒塌),占调查总数的1.4%;2座桥梁中等程度破坏,占0.3%;17座桥梁轻微破坏,占2.7%;其余基本保持完好。60座经过第二阶段抗震加固的桥梁中,除个别桥梁上部结构在节点附近出现少量混凝土剥落现象外,其余均未破坏,证实了桥梁加固工作的有效性。

2)日本阪神地震

1995年1月17日,日本阪神发生里氏7.2级大地震。震源在兵库县淡路岛北部,距神户市中心西南大约20 km,震源深度约14 km。地震动共持续了大约20 s(典型实录地震波见图1-10),记录到的最大地面水平运动加速度峰值约为0.8g,竖向运动最大加速度峰值约为0.3g。以近畿地区为中心,从西日本地区到东日本地区的广大范围内都记录到了强烈的地震摇晃。因属于内

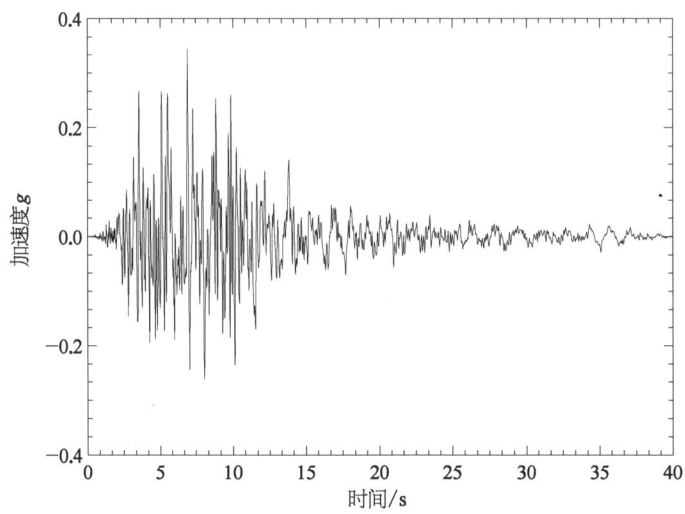

图1-10 阪神大地震实录地震波

陆直下型地震而被命名为"阪神大地震"。多家单位记录到了本次强震参数，如在日本国铁JR鹰取站(JR西日本观测)、神户海洋气象台(气象厅观测)、葺合(大阪燃气观测)和西宫(大阪燃气观测)所观测到的地面最大加速度破纪录地超过了600 gal①，有些地方甚至超过了800 gal。另外，对这些观测地点地面以上的实际结构进行弹性响应分析后发现，其最大加速度值达到250～1 000 gal，与以往对桥梁等土木工程结构进行抗震设计时设定的加速度200～300 gal相比，阪神地震的破坏性之大可见一斑。

此次地震灾害给阪神地区带来了二战后最大、最惨痛的灾难。从位于淡路岛北部的神户市开始，在跨越芦屋市、西宫市和宝塚市的广阔范围内，地震震级都达到了本地区观测史上首个7级强震。地震造成高速公路和新干线等毁坏，建筑物倒塌，电力、燃气、给排水等生命线工程被破坏，城市街道火灾蔓延，是一场罕见的城市地震灾害。

此次阪神大地震中，构成阪神高速公路的13条线路(总长200 km)遭受了重大损失。与承载力相关的受灾程度和与通行相关的受灾程度见表1-1。

表1-1 受灾程度判定结果一览表

线 路 名	桥墩数(跨数)	与承载力相关的受灾程度			与通行相关的受灾程度		
		As	A	B	C、D	a	b	c
1号环状线	649		1	7	641	1	1	647
2号淀川左岸线	24				24			24
3号神户线(大阪)	239			10	229	1	7	231
4号海湾线(大阪)	1 065		2	25	1 038			1 065
5号海湾线(大阪)	156		3	7	146			156
7号北神户线	298		2	9	287		2	296
11号池田线	730		5	25	700	3	3	724
12号守口线	391		5	13	373	3	3	385
12号森小路线	61			1	60			61

---

① gal是重力加速度单位，常用于地震工程学中，用来描述地震加速度，规定1 cm/s²为1 gal。

续　表

线　路　名	桥墩数（跨数）	与承载力相关的受灾程度				与通行相关的受灾程度		
		As	A	B	C、D	a	b	c
13号东大阪线	684		3	5	676	3	2	679
14号孙原线	789				789			789
15号堺线	554			2	552		1	553
16号大阪港线	166			6	160			166
17号西大阪线	142		1	9	132		3	139
小计	5 948		22	119	5 807	11	22	5 915

注：各线路的"与承载力相关的受灾程度"是在对桥墩、上部结构和支座的受灾进行综合评估后得出的。"与通行相关的受灾程度"是在对伸缩缝、填土和桥面设施的受灾进行综合评估后得出的。

受灾程度划分原则见表1-2。其中，与通行相关的受灾程度是"是否可作为紧急修复道路"的判断指标。

表1-2　受灾程度划分

项目	等级	定　　义
承载力	As	落梁破坏
	A	产生了对结构承载力有显著影响的损伤，并有可能导致落梁等致命灾害
	B	产生了对结构承载力有影响的损伤，但如果不再遭受余震等进一步灾害，暂时有可能继续使用
	C	短时间内不会影响结构承载力
	D	没有发现结构承载力有特别异常
通行性	a	无法通行
	b	虽有异常，但还能通行
	c	没有发现与通行有关的特别异常

3）唐山地震

1976年7月28日，唐山发生里氏7.8级地震，宏观震中位于唐山市吉祥路,震源深约 11 km。当日发生 7.1 级强烈余震,宏观震中在滦县三山院。极震区烈度分别为 11 度和 9 度。两震中相距 45 km,震害叠加灾害极重。震区出现 4 条明显的地震断裂带。其中,通过唐山主震区的地震断层长 10 km,向两端发展成为构造地裂缝,总长 90 km。通过滦县三山院的地震断裂,全长 9 km,断裂西侧落差 0.3~1 m,向两端发展成断续延伸 65 km 长的地裂缝带。市区大部分陷入地震烈度高达 11 度的极震区。结构物普遍倒塌,所剩无几;广大震区内地面开裂、地基失效;地下管道破裂,水源断绝;矿井生产被水淹没;农田局部淤沙,灌溉渠道机井淤塞;路基沉陷,路面开裂。震害严重程度为世界地震史上所罕见,其重要的内因是唐山市对地震没有设防,结构物都未经过抗震设计,以致在强烈地震作用下酿成大灾。

震后调查统计结果表明,在烈度 11 度及 10 度区内,公路、铁路和桥梁普遍倒塌或严重破坏;在 9 度区,桥梁破坏较重;位于 8 度区的桥梁多数受到不同程度的损坏,个别倒塌;7 度区少数桥梁遭到严重破坏,部分桥梁中等破坏或轻微损坏。对位于 7~11 度区内的 130 座大中型钢筋混凝土梁式桥的震害调查显示,18 座桥梁倒塌,占调查总数的 13.6%;20 座桥梁严重破坏,占调查总数的 15.4%;34 座桥梁中等破坏,占调查总数的 26.2%;25 座桥梁轻微损坏,占调查总数的 19.2%;33 座桥梁保持完好或基本完好,占调查总数的 25.4%。在倒塌的 18 座桥梁中,有 15 座主要是由不同程度的岸坡滑移、地基失效等原因造成,其余 3 座主要是由桥墩断裂、支座破坏、梁体碰撞、相邻墩发生过大的水平相对位移造成。

唐山地震中,位于 8 度区的许多单孔石拱桥和双曲拱桥,在地基良好的条件下,即使是延性很差的圬工拱桥,也都表现出良好的抗震能力,大多基本完好或仅有轻微损坏。但建于较差地基条件的单孔拱桥和采用柔性桩墩的多孔连拱桥,震害则较严重,主要表现为拱上建筑和腹拱破坏,拱圈在拱脚、拱顶产生破损裂缝,拱圈整个隆起变形,甚至倒塌。在震后调查的 32 座拱桥中,有 6 座倒塌,占调查总数的 18.8%;2 座严重破坏,占调查总数的 6.3%;8 座中等破坏,占调查总数的 25%;6 座轻微损坏,占调查总数的 18.8%;10 座基本完好,占调查总数的 31.3%。震后需要重建或修复的拱桥占总数的 50%,而在震后需要重建或修复的梁桥则占 55.6%。

唐山地震后,我国桥梁抗震研究工作才得到重视。唐山大地震是我国桥梁抗震研究的一个转折点,之后陆续颁布了《铁路工程抗震设计规范》(GBJ

111—87)和《公路工程抗震设计规范》(JTJ 044—89)。

4) 汶川地震

2008年5月12日,四川省汶川县发生里氏8.0级特大地震。汶川地震发震于龙门山中央断裂带(北川—映秀断裂),为逆冲右旋走滑运动。起震点为映秀,地震主震破裂时间80 s,破裂长度约300 km,宽度达30~40 km,最大烈度达11度。受灾极重地区为映秀—北川—青川方向的带状区域。汶川地震是新中国成立后破坏性最强、波及范围最广、救灾难度最大的一次地震。

汶川地震在断层面上错动分布是不均匀的,呈现两个集中区,在地面上的投影分别对应映秀和北川附近。在映秀附近山前主边界断层深度9.1 km处最大错动量为5.16 m,在中央主断层深度15.5 km处最大错动量为12.49 m;在北川附近中央主断层深度3.6 km处和深度10.3 km处最大错距分别高达10.43 m和12 m。断层分布也是映秀和北川地面破坏程度最剧烈的原因。

地震造成通往灾区的公路交通一度完全中断。除山体崩塌等地质灾害中断公路外,控制性工程桥梁的严重损坏也是公路中断的原因之一。四川交通基础设施直接经济损失达580亿元,一些路段全面损毁,造成毁灭性、根本性破坏。

汶川地震进一步促进了我国桥梁抗震研究工作。之后陆续颁布或修订了《公路桥梁抗震设计细则》(JTJ/T B02—2008)、《城市桥梁抗震设计规范》(CJJ 166—2011)、《中国地震动参数区划图》(GB 18306—2015)、《公路桥梁抗震设计规范》(JTG/T 2231-01—2020)等。

1.2 桥梁抗震发展史

我国是世界多地震国家之一,早在3 000多年前就有关于地震的记载,至今犹存的古代桥梁成为人类抗震史的活化石。在遭受地震灾难的同时,抗震技术也在不断发展,促使抗震相关法规、规范不断完善,结构地震反应分析方法不断进步。

1.2.1 古代桥梁抗震

我国是历史悠久的文明古国,古代就曾建造了大量有代表性的桥梁。在桥梁结构抗震技术方面不乏经典案例,尤以河北赵县赵州桥,福建泉州安平桥、洛阳桥的抗震设计最具特点。

1）赵州桥

赵州桥(见图1-11)建于隋代(约605年),距今已有1400多年。据史料记载,赵州桥自建成起共经历了10次水灾、8次战乱和多次地震。对赵州桥产生直接影响的地震有6次之多,尤其是1966年3月22日河北宁晋的7.2级地震,震中距离赵州桥不足40 km,地震烈度达7度,而赵州桥安然无恙。赵州桥之所以有较强的抗震能力,主要是因为选址得当、地基稳定、设计合理。

图1-11 赵州桥

(1) 选址得当。相关研究表明,赵州桥周围几十千米范围内,地下存在多条大小不等、走向不一的断层(见图1-12),而赵州桥恰好落在多条断层缝隙之间,避开了纵横交错的断层。

(2) 基础稳定。桥址区域地形平坦,地貌单一,地层分布稳定,地基土以密实的粉质黏土为主,中间有粉土和砂土夹层,是比较理想的修建特大跨度单孔桥梁的工程场地。赵州桥基础牢固,一千多年来,两边桥基虽略有下沉,但一直保持受力均匀。

(3) 设计合理。首次应用敞肩圆弧拱式桥型。桥梁的主拱和桥面之间的三角地带被称作桥肩,敞肩是把桥肩挖空,在中央主拱两侧的桥肩上分别增加对称的小拱,做成"空撞券"。"空撞券"的建筑形式敞开了肩部,节省了石料,减轻了桥身自重,降低了桥身对桥台地基的压力,消除了拱轴线截面上的拉应力,缓和了水流对桥基的冲击,使赵州桥更加稳固耐用。

F_1：保定-石家庄断裂
F_2：栾城东断裂
F_3：晋县断裂
F_4：柏乡断裂
F_5：宁晋断裂
F_6：新河断裂
F_7：北席断裂
F_8：元氏断裂

图 1-12　赵州桥周边断层分布

2) 安平桥

福建泉州安平桥(见图 1-13)始建于宋绍兴八年(1138 年)，桥长 2 km 以上。在经历 1604 年泉州特大地震后，安平桥虽有修葺，但仍基本维持原貌。安平桥抗震能力强，主要是因为桥基采用了"枕木卧基法"，即以沙为基底，枕木交叉相叠其上，再在枕木上建造桥墩。枕木卧基法属于基础隔震的一种，可

图 1-13　泉州安平桥

起到降低桥梁地震响应的目的。

此外,根据潮汐的涨落规律,将330多座桥墩设计为长方形、半船形及船形,不同部位采取不同的桥墩结构,以降低桥梁受到的海潮冲击。

枕木卧基法与多形式桥墩的巧妙设计,使得安平桥经历了近千年来的地震、暴雨,至今近乎完好。

3)洛阳桥

福建泉州洛阳桥(见图1-14)建在江海之交,水深流急,地质复杂。为应对潮狂水急的水文环境,造桥工匠"抛石筑基",用大量石块抛填江底,铺成一条石基河床,然后在石基上修建桥墩。

图1-14 泉州洛阳桥

为了巩固桥梁基础,在桥下大量养殖牡蛎,巧妙地利用牡蛎外壳附着力强、繁殖速度快的特点,把基础和桥墩牢固地胶结成一个整体。这是世界造桥史上别出心裁的"种蛎固基法",也是世界上把生物学应用于桥梁工程的先例。此外,包裹住石头桥墩的牡蛎,在桥墩表面形成了保护层,既能抵抗洪水的直接冲击,又能降低水污染对桥墩的腐蚀。

"抛石筑基"和"种砺固基法"提高了桥梁基础的稳固性,使洛阳桥经历1604年泉州特大地震等灾害后,至今保存完好。

以上桥梁抗震设计案例蕴含了古人对桥梁选址、基础设计、隔震设计等的智慧,为现代桥梁抗震设计提供了借鉴。

1.2.2 抗震法规及规范的变迁

鉴于地震灾害的严重性,我国于1994年11月25日在广州召开全国防震减灾工作会议。会议明确提出,在各级政府和全社会的共同努力下,争取用10年左右的时间,使我国的大中城市和人口稠密、经济发达地区具备抵御6级左右地震的能力。从1998年3月1日开始,我国政府正式实施了第一部规范防震减灾工作的重要法律《防震减灾法》,使防震减灾工作步入法治化管理的轨道。《防震减灾法》中规定,"新建、扩建、改建建设工程必须达到抗震设防要求;重大建设工程和可能发生严重次生灾害的建设工程,必须进行地震安全性评价,根据地震安全性评价结论,进行抗震设防"。2009年5月1日,修订后的《中华人民共和国防震减灾法》施行。

2021年5月12日,国务院常务会议通过《建设工程抗震管理条例(草案)》,明确了建设工程抗震设防达标要求,规范已建工程抗震鉴定、加固和维护,加强农村建设工程抗震设防。该条例规定,位于高烈度设防地区、地震重点监视防御区的新建学校、幼儿园、医院、养老机构、儿童福利机构、应急指挥中心、应急避难场所、广播电视等建筑,应当按照国家有关规定采用隔震减震等技术,保证发生本区域设防地震时能够满足正常使用要求。

《中国地震动参数区划图》是建筑抗震设计的重要依据。全国性的地震区划图(第一代)制(修)订工作最早开始于20世纪50年代。该图采用了两条原则,即曾经发生过地震的地区将来还可能重演同样强度的地震;地质特点相同的地区,地震活动性可能相同。该图首次反映了我国地震烈度分布的基本面貌,给出了全国最大地震影响烈度的分布,但没有赋予明确的时间概念。

20世纪70年代,国家地震局编制了第二代地震烈度区划图。该图应用当时对地震活动性和地震地质等方面的研究成果进行地震危险区划,对未来百年内可能发生地震的地点和强度进行预测,在此基础上完成地震烈度区划。该图对未来百年内遭遇的最大烈度分布进行预测,并以1:300万比例尺地震基本烈度区划图的形式将预测结果描绘出来。根据该图的编制标准,地震基本烈度的含义是100年内,平均土质条件下,场地可能遭遇的最高地震烈度。该图被建筑抗震设计规范正式引用。

1990年,第三代中国地震区划图颁布,编图采用了概率分析方法,比例尺为1:400万。图上所标示的地震烈度值,是指在50年内,一般场地条件下,可能遭遇超越概率为10%的烈度值,该烈度值称为地震基本烈度。基本烈度地震对应的重现周期约为475年,即平均475年一遇的地震,被建筑抗震设计规范和其他抗震设计规范所采用。

前三次区划图编制均采用地震烈度作为编图参数，第四代中国地震动参数区划图对此做了改进。第四代中国地震动参数区划图采用地震动参数作为编图参数，包括峰值加速度区划图和反应谱特征周期区划图，风险水平为50年超越概率10%，比例尺为1∶400万。第四代中国地震动参数区划图于2001年作为国家强制标准正式批准（全文强制），并于汶川地震、玉树地震后分别做了局部修改。

2015年发布的《中国地震动参数区划图》(GB 18306—2015)是我国第五代地震动参数（烈度）区划图，代替2001年的全文强制标准，改为条文强制标准。第五代《中国地震动参数区划图》颁布以后，众多区域抗震设防烈度提升，并在规范层面取消了无震区，即取消了抗震不设防地区。随着经济和社会的发展，人民对城市安全有了更高的期待，反映在第五代地震区划图方面具有四大特点：一是聚焦抗大震，提高房屋建筑抗倒塌和应对极端事件的能力；二是关注中强震，全面消除不设防地区；三是覆盖全场地，充分支撑各类场地条件应用；四是数据到乡镇，推进城乡一体化抗震设防。

2021年7月，住建部颁布国家标准《建筑与市政工程抗震通用规范》(GB 55002—2021)。该规范自2022年1月1日起实施，为全文强制性工程建设规范，必须严格执行。

从以上法律法规的不断完善过程可知，我国整体基础设施抗震形势严峻。占有交通命脉的大量既有桥梁按照旧规范设计建造，整体抗震能力有待提升。欧、美、日等发达国家和地区已经历桥梁抗震加固过程，我国也应根据桥梁抗震加固的急迫程度和经济条件制定中长期抗震加固计划，以提高桥梁抗震性能，提升路网韧性。

1.2.3 地震反应分析方法的演变

结构地震反应是指结构在地震动作用下的力反应和位移反应，取决于地震动特性及结构的动力特性。结构地震反应分析方法是指计算结构在地震动作用下的力反应和位移反应的分析方法。结构地震反应分析对结构地震力和地震位移的确定至关重要。

自1899年日本学者大房森吉首次提出用于抗震设计的静力法以来，桥梁结构地震反应分析方法经历了从静力法到动力的反应谱法、动态时程分析法的演变过程。依据所考虑的地震动特点，结构地震反应分析方法可分为两大类：确定性方法和随机振动方法。

确定性方法使用地震记录或其他方法确定的地震波来求解结构的反应。随机振动方法把地震视为随机过程，把具有统计性质的地震动作用在结构上，来求出结构的反应。确定性方法又可进一步分为静力法、拟静力法、反应谱法和动态时程分析法。到目前为止，绝大多数国家现行的桥梁抗震设计规范均采用确定性方法，本节也仅限于讨论确定性方法。由于地震动的随机性，拟静力法应用极少，在此不做讨论。

1）静力法

（1）弹性静力分析法。1899年，日本学者大房森吉提出了抗震设计的静力法理论，该理论假设结构各个部分与地震动具有相同的振动。因此，结构因地震作用引起的惯性力（即地震力）就等于地面运动加速度与结构总质量的乘积（见下式）。再把地震力视为静力作用在结构上，进行结构线弹性静力计算分析。

$$F = KW$$

式中　F——地震力；

　　　W——结构总重量；

　　　K——地面运动加速度峰值与重力加速度g的比值。

1916年，日本学者佐野利器开始倡导震度法。佐野利器根据静力法概念提出，以结构10%的总重量作为水平地震力来考虑地震作用。1923年，日本关东大地震之后，震度法理论被应用到日本最早的公路桥梁抗震设计规范中。

从动力学的角度来看，弹性静力分析法忽略了结构的动力反应特性这一重要因素，在理论上存在极大的局限性。因而，只有当结构物（如桥台或挡土墙）可以近似地视为刚体时，弹性静力分析法才能成立。弹性静力分析法概念简单，计算公式简明扼要，在桥台和挡土墙等的抗震设计中仍被广泛采用。

（2）非线性静力Pushover分析法。早在20世纪60年代末，就有学者提出非线性静力Pushover分析法（又称"倒塌模态分析法"），并在20世纪末得到很大的发展和应用。严格来看，该方法不能算作一种结构地震反应分析方法，但它提供了一个评估结构地震反应，尤其是非线性地震反应的简单而有效的方法，已在桥梁、建筑结构抗震设计中得到很多应用，并被一些国家的抗震设计规范规定为一种基本分析方法。

非线性静力 Pushover 分析法能够追踪结构从屈服直到极限状态的整个非弹性变形过程，其分析过程是一种纯粹的非线性静力分析过程。因此，与一般的非线性静力分析在计算方法上大致相同，主要区别在于：① 非线性静力 Pushover 分析法需要预先假定一个荷载分布模式，而一般的非线性静力分析外加荷载是确定的。② 非线性静力 Pushover 分析法需要预先确定与结构性能目标相对应的位移限值，如屈服位移、倒塌破坏极限位移等，而一般的非线性静力分析无此要求。③ 非线性静力 Pushover 分析法最终得到一条 Pushover 曲线，以表示特征荷载与特征位移之间的相互关系。对桥梁结构，通常为墩底剪力与上部结构质量中心处的位移之间的关系曲线，也称能力曲线。分析过程通常还计算总的结构能量耗散及等效弹性刚度，并利用单振型反应谱法计算力效应和位移效应，即需求分析。一般的非线性静力分析则无此过程。④ 非线性静力 Pushover 分析法进行需求/能力比计算，以评估结构的抗震性能，一般的非线性静力分析无此过程。

2) 反应谱法

(1) 反应谱法的发展过程。在早期的结构抗震设计中，由于缺乏对地震动特性的认识和对结构振动分析理论的了解，基于动力学的地震反应分析理论一直未能得到发展。

美国加利福尼亚州地震频发，促使该州对地震现象开展专门的调查研究。并在 1930 年之后，逐步认识到查明地震动特性对确立合理的抗震设计方法的重要意义。1931 年起，美国开始逐步进行强震观测台网的布置。并于 1940 年帝国峡谷(Im-perial Valley)地震中成功收集了包括埃尔森特罗(EL Centro)地震记录在内的大量地震记录资料。这些强震记录为以后抗震动力学方法的发展提供了宝贵资料。1943 年，比奥特(M.A. Biot)提出了反应谱的概念，并给出世界上第一条弹性反应谱曲线，即单自由度弹性振子对应某一个强震记录情况下，体系的周期与绝对加速度、相对速度和相对位移的最大反应量之间的关系曲线。1948 年，豪斯纳(G.W. Housner)提出基于加速度反应谱曲线的弹性反应谱法。1956 年，纽马克(N.M. Newmark)率先把该法应用于墨西哥城拉丁美洲大厦的抗震设计中。在翌年发生的里氏 8 级的墨西哥大地震中，周围建筑破坏殆尽，但是该建筑保持完好。这一成功的范例，使弹性反应谱法获得了极大的声誉。自 1958 年第一届世界地震工程会议之后，这一方法被许多国家所接受，并逐渐被应用到结构抗震设计规范中。

(2)规范反应谱。场地记录到的地震动与场地条件、震中距、震源深度、震级、震源机制和传播路径等诸多因素有关,使得由不同记录得到的加速度反应谱具有很大的随机性。只有在大量地震加速度记录输入后绘制得到众多反应谱曲线的基础上,再经过平均与光滑化,才得到供设计使用的规范反应谱曲线。因而,实际记录的地震反应谱是已知的、过去发生的、震荡的,规范反应谱是一种预测的、将来的、考虑不确定的、平滑的,因此规范反应谱也称"设计谱"。

现行《公路桥梁抗震设计规范》规定,设计加速度反应谱$S(T)$应由下式确定,如图1-15所示。

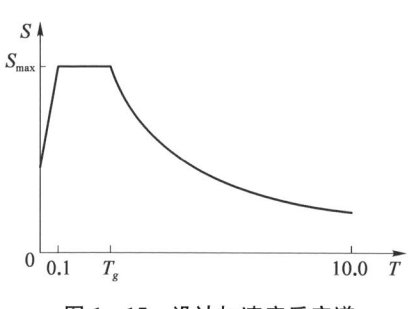

图1-15 设计加速度反应谱

$$S(T)=\begin{cases} S_{\max}(0.6T/T_0+0.4) & (T \leqslant T_0) \\ S_{\max} & (T_0 < T \leqslant T_g) \\ S_{\max}(T_g/T) & (T_g < T \leqslant 10) \end{cases}$$

式中 T——周期(s);

T_0——反应谱直线上升段最大周期,取0.1 s;

T_g——特征周期(s);

$S_{\max}$——设计加速度反应谱最大值(g)。

应当注意的是,近场地震中,地震动速度脉冲效应(fling or pulse effect)对结构的破坏力巨大,地震动的这一特性尚未准确反映在规范反应谱曲线中。

(3)弹性反应谱分析法。弹性反应谱分析法包括单振型反应谱法、多振型反应谱法和等效线性化方法。

单振型反应谱法适用于规则桥梁,仅对可视为单自由度振子的结构有效,适用于线弹性反应问题,方法简单,可手算,为规范基本分析方法之一。但单振型反应谱法无法反映地震动持续时间的影响。

多振型反应谱法适用于复杂桥梁,是规范采用的主要分析方法,一般需要依靠计算机程序完成分析,适用于多自由度线弹性系统。但多振型反应谱法存在振型组合问题,尚难考虑非一致激励,且同样无法反映地震动持续时间的影响。

等效线性化方法一般适用于规则桥梁,可估计非线性系统的最大反应,一般用于初步设计,方法简单,可手算,在位移设计法中应用更广。等效线性化方法需更多的实践检验。

弹性反应谱分析法通过反应谱概念巧妙地将动力问题静力化,使复杂的结构地震反应计算变得简单易行,大大提高了结构的整体抗震设计水平,成为世界各国规范普遍采用的基本分析手段。但弹性反应谱分析法也存在一些缺陷,如无法反映地震动持续时间和结构非线性的影响,多振型反应谱法存在振型组合问题等。此外,基于弹性反应谱理论的现行规范设计方法,往往使设计者只重视结构强度,而忽略了结构所应具有的延性。

3) 动态时程分析法

(1) 发展过程简介。20 世纪 50 年代末,借助于强震台网收集到的地震记录和模拟计算机技术,豪斯纳开始把地震记录输入到结构上来计算结构的地震反应,这是最初的动态时程分析方法。20 世纪 60 年代初,日本在武藤清教授的带领下也开始进行此类研究。20 世纪六七十年代,随着计算机的发明,动态时程分析法在国外得到迅速发展。20 世纪 70 年代末和 80 年代初期,我国大量开展此类研究工作。迄今为止,非线性动力时程分析的计算方法已经相当成熟。但由于输入地震动问题、结构-基础-土相互作用问题、结构构件的非线性动力特性和屈服后的行为问题等,在很大程度上影响了非线性动力时程分析结果。因此,一般要求能够对分析结果进行解释,并与反应谱分析结果进行相互比较和校核(在线弹性范围内)。然而,随着计算手段的不断进步和对结构地震反应认识的不断深入,动态时程分析法已越来越受到重视。尤其对体系复杂桥梁的非线性地震反应,动态时程分析法是理论上唯一可行的方法。

(2) 动态时程分析法。动态时程分析法,又称直接积分法,是将地震动记录或人工波作用在结构上,直接对结构运动方程进行积分,求得结构任意时刻地震反应的分析方法。执行步骤如下:

① 将振动时程分为一系列相等或不相等的微小时间间隔 Δt。

② 假定在 Δt 时间间隔内,位移、速度和加速度按一定规律变化,如中心差分、常加速度、线性加速度、Newmark-β 法或 Wilson-θ 法等。

③ 求解 $t+\Delta t$ 时刻结构的地震反应。

④ 对一系列时间间隔按上述步骤逐步进行积分,直到完成整个振动时程。

根据分析是否考虑结构的非线性行为,动态时程分析法又可分为弹性动力时程分析法和非线性动力时程分析法。弹性动力时程分析法适用于复杂桥梁的地震反应分析,是规范采用的主要分析方法,但该方法未考虑结构的非线性反应。非线性时程分析法可考虑 P-δ 效应和材料非线性,准确模拟结构的地震反应,但需要耗费大量的计算时间,输出大量的计算数据。受限于早期计算机的计算能力,不利于工程师进行结构设计。因此,对于大量常规的桥梁结构,一般不采用该方法。随着算力的提升,动态时程分析法已成为最受工程师欢迎的方法之一,尤其是在复杂和重要的桥梁分析及减隔震分析中得到大量应用。

2

桥梁震害及启示

2 桥梁震害及启示

1906年4月18日,美国旧金山发生大地震,人类第一次正式记录桥梁震害。在这次地震中,主要的铁路桥梁发生倒塌,直接影响了救援工作。此后,世界范围内又发生了数十次对桥梁抗震设计影响重大的破坏性地震,如1923年日本关东大地震、1964年日本新潟地震及美国阿拉斯加地震、1971年美国圣·费尔南多地震、1976年唐山大地震、1989年美国洛马·普里埃塔地震、1994年美国北岭地震、1995年日本阪神地震、2008年汶川地震等。

总结历次破坏性地震可知,桥梁震害现象大致可归纳为上部结构破坏、支座破坏、桥墩及桥台破坏、地基与基础破坏四大类。对桥梁震害的研究不断促使各国设计规范得以完善,并使美日等发达国家开始了大规模桥梁抗震加固进程。抗震加固技术的有效性在后续地震中得到了验证。

本章详述了各类桥梁震害及产生原因,后续相应对策及效果等。

2.1 上部结构震害

震害调查表明,上部结构因自身的直接地震动力效应而毁坏的现象极为少见。往往伴随下部基础或桥墩的破坏、支座破坏等而发生梁体移位、碰撞、局部损伤甚至落梁等震害,极少数主梁因地震而发生结构性损坏。主梁移位在地震重灾区的桥梁中比较普遍,包括纵桥向移位、横桥向移位和平面旋转。平面旋转震害主要出现于斜交桥和弯桥中。对应主梁移位,落梁也包括顺桥向落梁、横桥向落梁和扭转落梁。统计数据表明,顺桥向落梁占绝大多数。梁体在顺桥向坠落时,梁端撞击桥墩侧壁,给下部结构带来巨大破坏。落梁是主梁移位的极端情况,是灾难性破坏,应极力避免。

2.1.1 主梁局部损伤

相邻主梁碰撞或支承破坏常引起主梁的局部损伤,且常发生于钢梁。大多数情况下,钢梁的损坏集中在靠近支座的位置。例如日本阪神地震中,部分钢箱梁发生局部屈曲破坏、梁端部损伤,或梁体节点局部失稳破坏等,如图2-1所示。

(a) 支座附近钢板屈曲破坏

(b) 钢箱梁的局部屈曲破坏　　　　　　(c) 梁端部损伤

(d) 梁体节点局部失稳破坏

图 2-1　阪神地震钢梁局部损伤

阪神地震中也发生了混凝土梁端部受损的情况,损伤集中在端部横梁位置,如图2-2所示。

图2-2 阪神地震混凝土梁局部损伤

由主梁局部损伤震害可知,主梁端部设计时,应加强结构的整体性,注重端横梁设计,以使得在罕遇地震下,落梁破坏前,上部结构能够提供稳定的支撑点,而不至于因上部结构支撑面不足导致梁端部受损或产生较大的高差,甚至落梁。主梁端部支撑面设计应与防落梁系统配套,统筹考虑落梁破坏前的支撑面需求。尤其要关注T型梁、小箱梁、钢板梁等结构的端部设计。

2.1.2 主梁结构性损伤

地震造成主梁结构性损伤的实例非常少见。智利大地震时,因梁体碰撞引起的混凝土主梁结构性损伤如图2-3所示。

图2-3 相邻梁体碰撞引起的主梁结构性损伤

1989年美国洛马·普里埃塔7.0级地震中,建于1964年的Struve Slough桥(2车道、20跨总长244 m,四跨一联肋板桥)桥墩与盖梁节点首先发生弯剪破坏,引起上部结构过大的相对位移,使桥墩与盖梁脱开,并穿透桥面(见图2-4),引起主梁结构性损伤。该桥1联塌落,其余也均遭受严重破坏。但因纵向约束装置发挥了作用,桥面仍保持连续。桥址附近记录到的地面水平运动加速度峰值(PHA)为0.39g,竖向运动加速度峰值(PHA)为0.66g,均远远超过设计预期的地震动水平。

图2-4 Struve Slough桥桥墩穿透桥面

2.1.3 主梁横向移位

水平向地震动作用下,主梁横向移位的同时,撞击抗震挡块,造成挡块大量破坏。例如,2008年汶川地震中,白水溪桥3号墩墩顶梁体横向移位48 cm,新房子桥连续梁梁体横向移位60 cm(见图2-5)。

又如,日本阪神地震中,由于支座损坏,5号港湾线一座直悬杆式刚性拱桥(无推力拱桥,属于广义的梁桥体系)上部结构横向移动近3 m(见图2-6)。

横桥向梁体移位极易造成抗震挡块破坏。抗震挡块作为横向限位装置的一种,对防止主梁产生过大横桥向移位、提高桥梁抗震韧性起到重要作用。日本规范规定了应使用横向限位装置的情况,并对横向限位装置的受力进行了规定(参见"防落梁系统"章节)。

(a) 白水溪桥3号墩墩顶梁体横向移位48 cm　　(b) 新房子桥连续梁梁体横向移位60 cm

图 2-5　汶川地震主梁横向移位

图 2-6　阪神地震拱桥横向侧移

现阶段,我国横向抗震挡块只需按照构造要求配置,未对其受力性能进行规定。因此,抗震挡块对主梁的限位作用不明确。汶川地震中,挡块破坏非常普遍。事实上,在水平地震力作用下,挡块是受力构件。其理想的受力模式为：设计地震下,其传递到墩柱的撞击力小于墩柱在该状态下的性能设计值。挡块的极限破坏早于墩柱的极限破坏。仅对抗震挡块进行构造设计是不足的,应增加对抗震挡块的强度验算,重视挡块设计并优化其构造,科学设计挡块与梁体间的距离,同时在两者间设置必要的缓冲装置。

2.1.4　主梁纵向移位

桥墩及支座的破坏会导致落梁,梁间冲撞也会导致落梁。超设计地震或罕遇地震作用下,支座变位超限、桥墩部分进入塑性等,都会导致结构振动不再符合设计理想状态,主梁相对墩顶产生不可恢复的纵向位移,甚至落梁。落梁是移位的极端表现形式,纵桥向落梁占落梁震害的绝大多数。图2-7为汶川地震中,寿江桥第1跨纵向移位,几乎落梁。

图2-7　汶川地震寿江桥主梁纵向移位

相当一部分纵向落梁震害是由于地震烈度超出了设计预期,而相应的防落梁系统配置不完善,或现阶段缺乏有效应对措施(如近断层地震导致的落梁破坏)。另一部分落梁是因抗震概念设计有误,设计考虑不全面,对主梁纵向位移计算有误,导致梁端搭接长度不足等。下面以案例的形式进行说明。

1) 对高墩桥梁落梁风险考虑不足

汶川地震中,发生落梁破坏的庙子坪大桥是都汶高速公路关键性控制工程,跨越都江堰紫坪坝库区,全长1436 m。主桥为三跨连续刚构(125 m+220 m+125 m),墩高约108 m(见图2-8)。引桥桥面净宽22.5 m,为先简支后桥面连续T形梁桥,单跨50 m,共19跨,每跨由10片T形梁组成,单片重达140 t。每片梁下设板式橡胶支座于支承垫石之上,梁端与支承垫石搭接长度约50 cm,横桥向设抗震挡块,纵桥向未设防落梁措施。庙子坪大桥距汶川地震震中映秀镇29 km。汶川地震时,由于梁、墩相对位移过大,引桥第5跨(从主桥计算)伸缩缝处梁墩相对位移过大,造成该跨落梁(此处墩高约70 m),如图2-9所示。10片50 m长的T梁落入水库,直接导致已初具通车条件的大桥从中间断裂。

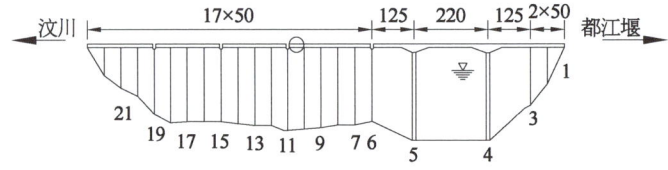

图2-8　庙子坪大桥桥型布置及落梁位置示意图

2 桥梁震害及启示

图 2-9 庙子坪大桥高墩落梁震害

庙子坪大桥引桥采用的板式橡胶支座与梁体底部无连接,当梁体地震惯性力大于支座与梁底间摩擦力时,梁底与支座顶面产生相对滑动,相对位移超过与支承垫石的搭接长度后,梁体落于墩顶之上。梁体往复运动中撞击垫石(见图 2-10),加大了落梁风险,造成落梁。

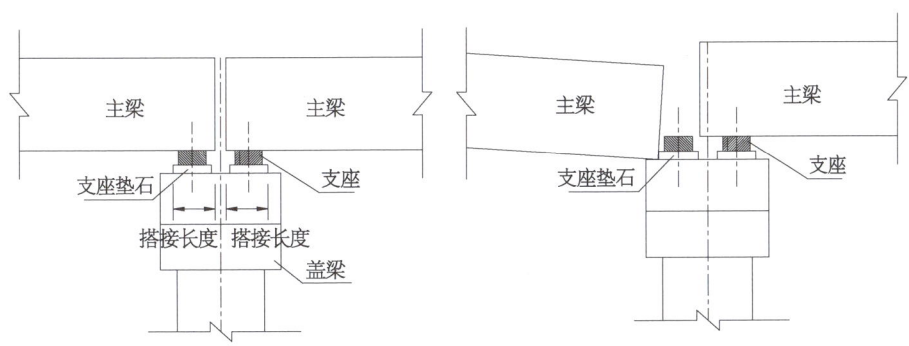

图 2-10 支座垫石阻止主梁往复运动示意图

从图 2-11 可以看出，落梁时，梁底与支承垫石及桥墩边缘发生碰撞损伤。

图 2-11　庙子坪大桥落梁墩顶细部图

庙子坪大桥引桥落梁除与地震引起较大梁、墩相对位移有关外，还与支承的构造细节有关。在桥墩顶部浇筑支承垫石，支承垫石上放置板式橡胶支座是我国桥梁设计常用的方法。纵桥向支承垫石的边缘往往未与墩顶或盖梁边缘对齐，而是缩进去一部分。此时，有效的梁端搭接长度为梁体与支承垫石的搭接长度，小于设计控制的梁体与桥墩搭接长度。梁体位移超过与支承垫石的搭接长度后，垫石阻止梁体反向位移，引起落梁。有鉴于此，《公路桥梁抗震设计规范》（JTG/T 2231-01—2020）规定，过渡墩及桥台处的支座垫石顺桥向宜与墩、台最外边缘平齐。

震害表明，高墩、柔性墩更容易落梁。因此，《公路桥梁抗震设计规范》（JTG/T 2231-01—2020）中，将原来的梁端搭接长度只与梁的计算跨径有关，修改为与全联总长度、最大单孔跨径和桥墩高度有关。并指出，简支梁桥和桥面连续的桥梁，桥墩越高，在地震作用下落梁风险越大。对于采用简支梁和桥面连续的桥梁，其墩高不宜超过 40 m。对墩高超过 40 m 的桥梁，宜采用连续刚构或其他对抗震有利的结构形式。

梁端搭接长度是防落梁系统中的最后一道防线，确保有效的梁端搭接长度非常重要，尤其要重视高墩、多联、长桥的防落梁措施。

2）相邻联纵向刚度差距过大，不符合刚度匹配原则

刚度和质量均衡分布是桥梁抗震设计理念中最重要的一条。对于上部结构连续的桥梁，各桥墩高度宜尽可能相近。相邻桥墩高度相差较大导致刚度

相差较大时,水平地震力在各墩间的分配一般不理想。刚度大的桥墩将承受较大的水平地震力,而刚度小的桥墩将会有较大的墩顶位移,从而使上部结构产生偏转,并导致墩柱承受扭矩,严重影响结构的整体抗震能力。因此,规范对梁式桥一联内任意两桥墩的水平向抗推刚度比和相邻桥墩的水平向抗推刚度比都做了明确规定。

梁式桥相邻联周期相差较大时会产生相邻联间的非同向振动(out-of-phase vibration),从而导致伸缩缝处相邻梁体间较大的相对位移,产生梁体碰撞甚至落梁。2008 年汶川地震中,百花大桥第 5、6 联落梁即为此类震害。

百花大桥建于 2004 年,位于四川省汶川县 213 国道上,龙门山构造带主中央断裂(北川—映秀)的上盘,距映秀镇 2 km。百花大桥全长 495.55 m,桥梁跨径布置为 4×25 m(钢筋混凝土连续梁)+5×25 m(钢筋混凝土连续梁)+50 m(简支 T 梁)+3×25 m(钢筋混凝土连续梁)+5×20 m(钢筋混凝土连续梁)+2×20 m(钢筋混凝土连续梁),平面位于 $R=150$ m 的圆曲线(左偏)、$L=192.601$ m 的直线以及 $R=66$ m 的圆曲线(右偏)上。下部结构采用桩柱式桥墩,柱间设系梁,最大墩高 30.87 m。汶川地震中,该桥第 5 联桥跨(即 5×20 m 连续梁)落梁(见图 2-12)。

图 2-12 汶川地震百花大桥震害

百花大桥第 5、6 联布置图如图 2-13 所示。第 6 联为 2×20 m 连续梁,桥台设置双向滑动支座,19 号墩为固定墩,在 18 号墩后 1.73 m 处设牛腿,牛腿上设置双向滑动支座。第 5 联为 5×20 m 连续梁,位于半径为 66 m 的圆曲线上,第 5 联(落梁联)的第 5 跨梁左端支承在牛腿上,16 号墩为固定支座,第 1 跨右端采用双向滑动支座支承在 13 号墩顶。其中第 6 联和第 5 联各桥墩的墩高见表 2-1。

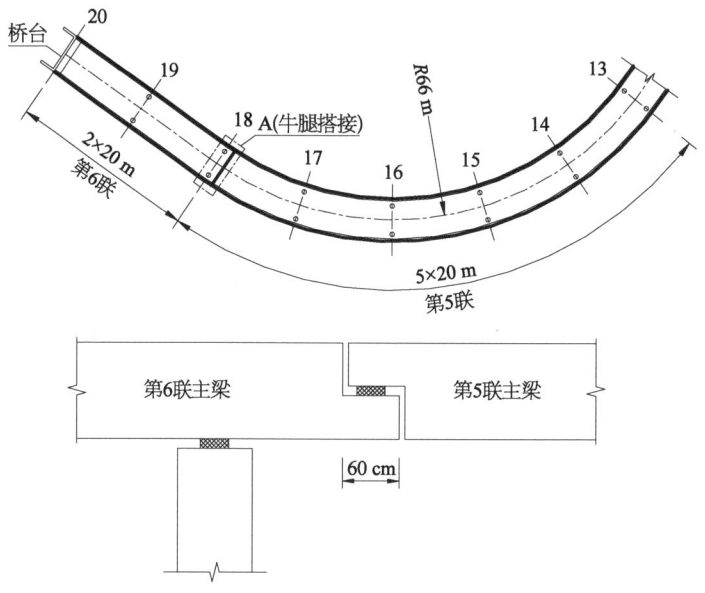

图 2-13 百花大桥第 5、6 联布置图

表 2-1 百花大桥第 5 联和第 6 联墩高

联号	第 5 联						第 6 联	
墩号	13	14	15	16(固定)	17	18	19(固定)	20
墩高/m	30.3	29.9	29.7	26.9	22.2	18.1	7.1	桥台

由表 2-1 可以看出,第 5 联固定墩(墩高 26.9 m)与第 6 联固定墩(墩高 7.1 m)的墩高相差近 3 倍,而墩高是影响桥墩刚度的最重要因素,导致第 5 联与第 6 联的整体刚度和动力特性相差非常大。地震中,第 5 联和第 6 联发生非同向振动,导致牛腿处第 5 联左梁端与第 6 联搭接处发生很大的相对位移。当相对位移大于梁端搭接长度(60 cm)时,第 5 联左侧梁端落梁,梁体折断。第 5 跨梁体自重发生重分配,17 号墩同时要承受由于梁体左端悬空所增加的轴力和弯矩。由于百花大桥桥墩配箍率很低[配箍率在 0.048%~0.067%,远小于我国《公路工程抗震设计规范》(JTJ 004—89)对墩柱底部配箍率大于 0.3%的要求],不能承受左侧落梁带来的附加力,导致第 5 联发生整体破坏。

虽然地震强度高是引起百花大桥震害的主要原因,但百花大桥结构刚度高度不规则,不符合刚度匹配原则,牛腿处没有限位装置,墩身箍筋配置严重不足等,也在客观上加剧了结构的破坏。

3) 主引桥过渡墩纵向相对位移考虑不足导致落梁

因跨径及结构形式等的不同,主引桥整体刚度一般差距很大,易产生相邻联间的非同向振动,导致过渡墩位置梁间相对位移过大,梁端搭接长度不足,产生落梁破坏,如阪神地震中西宫港桥引桥落梁震害、洛马·普里埃塔地震中旧金山—奥克兰海湾大桥引桥落梁震害等。

(1) 阪神地震西宫港桥落梁震害。1995年日本阪神地震,震级为M7.2,地震动共持续约20 s,记录到的最大地面水平运动加速度峰值约为0.8g,竖向运动最大加速度峰值约为0.3g。此次地震使神户地区所有铁路、公路和快捷交通系统均遭受严重破坏。其中,西宫港桥(主桥为尼尔森拱桥)第一跨引桥落梁(见图2-14)。

图2-14 阪神地震西宫港桥落梁震害

西宫港桥主引桥桥型不同、桥墩形式及墩高不同、跨径不同,导致两者整体刚度相差巨大。此次落梁震害的主要原因是主引桥振动特性差异过大,对连接位置的位移量估计不足,梁端搭接长度设置不足。

落梁震害导致线路中断,阻碍了震后抢险,重建工作昂贵而又漫长。工程师在西宫港桥落梁位置重新制造了一根主梁,将整根大梁直接吊装安装(见图2-15),并于地震发生近3个月后重新开放了路线的一半。

(2) 洛马·普里埃塔地震旧金山—奥克兰海湾大桥落梁震害。1989年,美国洛马·普里埃塔发生里氏7.0级地震,震中距旧金山市东南大约100 km,强震共持续约15 s。此次地震造成大旧金山海湾地区的大量桥梁和建筑损

图 2-15　西宫港桥修复

坏,震后用于修复桥梁的费用估计约为 20 亿美元。此次地震中,旧金山—奥克兰海湾大桥一跨落梁(见图 2-16)。

旧金山—奥克兰海湾大桥建成于 1934 年,该桥为悬索和桁架组合体系的双层钢桥。在此次地震中,桁架部分有一跨发生落梁现象。据分析,梁体塌落的主要原因是未重视主引桥振动特性差异过大问题,设计低估了相邻桥墩间的相对位移,导致连接螺栓剪断发生落梁。

图 2-16　旧金山—奥克兰海湾大桥一跨落梁

4) 近场地震大脉冲导致落梁

2021年5月22日,青海果洛州玛多县发生里氏7.4级地震,震源深度约17 km,为昆仑山口—江错断裂,大体呈东西走向,略偏东南,地表张裂隙如图2-17所示。根据距离震中最近的大武台(175 km)地震观测记录,南北向地震动表现出了明显的速度脉冲形式。

图 2-17 地表张裂隙

此次地震震中平均海拔4 230 m,人口稀少,建筑结构震害并不突出。但是,由于断层距离几座桥梁桥址特别近,引发的桥梁结构震害非常突出。其中,尤以野马滩大桥落梁破坏最严重。管仲国等就该桥震害展开了详细调研:

野马滩大桥上下行分离设置,单幅桥包括25跨20 m简支桥面连续预应力空心板。下部结构为双柱式桥墩,桥台和过渡墩处采用四氟乙烯滑板支座,其余墩位采用高阻尼橡胶支座。震后下行线落梁18跨,上行线落梁17跨,落梁跨数达到总跨数的70%。值得注意的是,所有落梁跨均为南侧落于地面,北侧支撑于桥墩,立面呈斜置状态(见图2-18)。

野马滩大桥破坏特征包括:北侧桥台搭板端部路面挤压拱起[见图2-19(a)];北侧第一跨主梁撞击桥台,桥台背墙脱落并向北移动约1.2 m[见图2-19(b)];中间墩(桥面连续处)的高阻尼支座下锚板通过螺栓与支座垫石锚固,主梁搁置在支座上锚板上[见图2-19(c)];主梁向北移位超过盖梁支撑宽度(盖梁半宽0.85 m),桥面连续构造无法承担主梁重量,导致其南端落梁[见图2-19(d)];同时,向北运动的主梁也撞推其北侧相邻主梁超出盖梁,进而导致其南端也发生落

图 2-18 野马滩大桥落梁震害

梁,由此形成连续多跨的主梁南侧落梁形态[见图 2-19(e)];即使未实际发生落梁的主梁,其主梁实际位移也已非常接近盖梁支撑宽度极限[见图 2-19(f)],几近脱落;最南端主梁向北位移导致南侧桥台与主梁伸缩缝张开约 0.8 m[见图 2-19(g)];南侧桥头搭板端部未见挤压隆起现象[见图 2-19(h)]。由此可见,导致此次地震连续多跨主梁落梁的直接原因是全部主梁向北的大位移。

(a) 桥台搭板端部路面拱起

(b) 主梁撞击桥台背墙脱落移位约1.2 m

(c) 高阻尼支座状态

(d) 落梁断面

(e) 连续多跨落梁

(f) 未落梁跨的主梁移位状况

(g) 南侧桥台伸缩缝张开

(h) 南端桥头搭板

图 2-19 野马滩大桥典型震害特性

野马滩大桥距离发震断层非常近。综合此次地震中野马滩大桥震害表现和地震动记录参数特性分析可知,落梁震害的直接原因是桥梁上部结构显著的向北(朝向断层)大位移超出了盖梁的有效支撑宽度。整齐划一的南侧落梁和北侧支撑的模式也显示,这种大位移极有可能是由同一个瞬间的强地震作用所致。否则,倘若各联落梁源自不同时刻的强地震作用或地震的累计作用,则很难解释为什么落梁均发生在南侧,并且各联北侧的位移幅值相差不大。为此,初步判断野马滩大桥落梁震害是近断层地震法向方向的方向性效应所致。

5) 梁体竖向上翘

支座部位抗拉构造破坏时会导致梁体竖向上翘。例如阪神地震中,5 号港湾线上一座全新的斜拉桥——东神户桥震害。震后,该桥梁端抵抗上拔力的眼杆断裂,导致主梁被提升,如图 2-20 所示。

2.2 支座震害

桥梁上部结构所占自重比例一般较大。地震作用下,上部结构巨大的水平向惯性力集中于支座,形成抗震薄弱环节,导致支座震害极为普遍。支座破坏形式主要为支座倾斜、锚固螺栓拔出或剪断、支座脱落及支座本体破坏等。支座一旦破坏,主梁往往会发生平面偏转、纵横向移位,导致梁端冲撞甚至落梁。

支座破坏主要与支座构造、支座位移能力、支座承载力、主梁惯性力的大小等有关。支座震害的发生最终归结于支座受到的位移和力超过其承受范围。支座破坏往往伴随着主梁的纵、横向位移过大。典型支座破坏现象如图 2-21 所示。

图 2-20 斜拉桥梁端部上翘

(a) 板式橡胶支座撕裂

(b) 墩顶支座脱落,梁体悬空

(c) 橡胶破坏

(d) 支座滑移

(e) 板式橡胶支座残余变形过大

(f) 盆式支座支承失效

(g) 盆式支座固定失效

(h) 球形支座拉断破坏

(i) 摇轴支座转轴及轴套拉断

图 2-21 典型支座破坏现象

支承连接件失效的原因，主要是设计低估了相邻梁跨之间的相对位移。过去在计算上部结构的地震位移反应时，一方面使用了偏低的设计地震力，另一方面往往使用全截面而非开裂后的截面来计算刚度，人为地低估了设计位移值。由于支承连接失效，上、下部结构之间将产生更大的相对位移。若无其他约束，上部结构就可能与下部结构脱开，并导致主梁坠毁。在落梁的强烈冲击下，下部结构也可能遭受严重破坏。

一般来说，在未来随机发生的地震作用下，桥梁相邻跨之间的相对位移难以准确确定,因此,支承连接件破坏有时很难避免。有证据表明,支承连接件破坏有时对整个结构反而有利。在实际设计中,需要着重考虑的是如何避免因支承连接件失效而导致的落梁现象。在这种情况下,防落梁系统的合理设计尤为关键。

2.3 桥墩与桥台震害

2.3.1 桥墩震害

历次大地震中,桥墩震害均是最为严重,也是最常见的桥梁结构性震害。墩柱常见的破坏现象有钢筋混凝土墩柱或盖梁、框架墩等的屈曲、开裂,混凝土剥落、压溃、剪断、钢筋裸露等,钢墩压屈破坏(见图 2-22)。

早期修建的桥梁,桥墩往往不具备延性能力。因此,一旦抗力不足,就会导致桥墩脆性破坏,并很快失去承载能力。桥墩损伤可分为弯曲型、剪切型和弯剪型。其中,弯剪型损伤是最常见的损伤形式。等截面桥墩损伤位置多出现在墩底,变截面桥墩的截面突变位置有可能也是其危险截面。《公路桥梁抗震设计细则》(JTJ/T B02—2008)颁布之前,已建桥梁的震害特点之一就是钢筋混凝土桥墩大量严重破坏。桥墩破坏的内因包括以下四大方面:

(1)设计抗弯强度不足。过去由于对桥墩地震破坏的认识不足,纵向钢筋往往在墩底搭接或焊接,桥墩的主筋通常未达到设计强度就因焊接强度不足或搭接失效而弯曲破坏。另外,由于设计地震力取值偏低,导致当与其他静力荷载效应组合时,计算弯矩图形状有误,数值偏低,据此确定的桥墩反弯点位置偏差也很大,使所配纵向钢筋在桥墩中过早切断,造成桥墩在中间位置发生弯剪破坏。

(2)设计抗剪强度不足。早期建造的桥墩横向钢筋通常直径较小、间距较大,不足以抵抗强烈地震动引起的横向剪力作用。

(3)构造缺陷。主要包括:横向约束箍筋数量不足,间距过大,不足以约束混凝土,防止纵向受压钢筋屈曲;纵向钢筋在墩底搭接;纵筋在桥墩中过早切断;纵向钢筋和横向箍筋锚固长度不足;箍筋端部没有做成弯钩;未设置有效的防落梁措施。

(4)概念设计有误。不适当的桥位选择、不适当的桥梁结构形式及布置方式、不适当的约束方式、不适当的墩柱形式及总体结构刚度布置等,导致结

(a) 独柱墩压溃

(b) 桥墩剪坏

(c) 墩柱倾斜

(d) 桥墩系梁交界处破坏

(e) 盖梁破坏

(f) 高架框架墩破坏

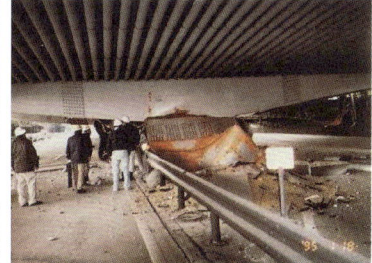
(g) 钢墩屈服破坏

图 2-22　桥墩典型震害

构抗震性能存在先天不足，在地震作用下墩柱破坏（详见"桥梁抗震概念设计"相关章节）。

历次震害表明，连续梁桥桥墩破坏情况比简支梁桥桥墩破坏严重。首先，主要是由于连续梁桥设置有固定支座，地震作用下固定墩承受大部分上部结构地震荷载，造成各墩之间承受的地震荷载差异大，从而桥墩破坏的严重程度差异较大，带来崩溃性破坏。非固定墩的承载力未得到充分发挥，整体抗震性能降低。因此,连续梁桥应通过设置速度锁定装置、合理的纵向限位装置及防落梁构造或采用水平力分散型支座等方式,提升桥梁整体抗震性能。其次,独柱墩不能提供横向多余约束,尤其是采用独柱墩的宽桥,竖向地震作用不可忽略,地震响应极为复杂,易产生毁灭性破坏。因此,独柱墩不适用于高烈度地震区桥梁,尤其不适用于宽桥设计。再次,墩身刚度突变处易产生震害,如桥墩系梁位置;深水区桥墩损伤后,检测和修复难度极大,应尽力避免。

2008年汶川地震后,陆续颁布了多部桥梁抗震设计规范,针对以上桥墩破坏的内因做了非常详细的规定。以下讨论深水区域桥墩以及独柱墩破坏案例。

1) 深水区域桥墩破坏案例

都汶高速公路庙子坪大桥主桥为三跨连续刚构(125 m+220 m+125 m),墩高约108 m,采用延性抗震设计。汶川地震时,主桥中墩(5号桥墩)墩底出现横向贯通裂缝(见图2-23),裂缝距离水库底约10 m。此处墩高约104 m,淹没超过40 m,不仅检测困难,修复难度也巨大。修复方案为将浇铸好的"钢围堰"——30个总重约500 t的钢沉箱沉入水底,将桥墩受伤的地方紧紧包围起来,以达到加固效果。

(a) 庙子坪大桥主桥　　　　　　　(b) 桥墩横向贯通裂缝

图2-23　汶川地震庙子坪大桥深水墩破坏

深水桥墩破坏的修复难度和修复代价是巨大的,因此,对此类桥梁应控制大震下桥墩的损伤程度,适当采用减震消能措施,以避免震后高难度修复工作。

2) 独柱墩破坏案例

1995年,日本阪神7.2级地震中,最严重的桥梁震害出现在阪神高速公路神户段内。一座高架桥共18根独柱墩被剪断,长约500 m的梁体向一侧倾倒

(见图 2-24)。模拟分析结果表明,独柱墩剪切破坏的主要原因是纵向钢筋过早切断(有 1/3 纵筋在 1/5 墩高处被切断)和约束箍筋不足;独柱墩剪切破坏导致重量较大的梁体侧倾,使独柱墩完全剪断。而根本原因在于设计不恰当地采用了独柱墩。此桥中,独柱墩在横桥向相当于悬臂梁桥,竖向地震作用不可忽略,而独柱墩在横桥向缺少多余约束,地震作用下,墩柱受力极其复杂,导致整体侧向倾覆。

图 2-24 阪神地震中高架桥的整体倾覆

该高架桥于阪神地震 2 周后完成紧急拆除,并于 1 年零 9 个月后完成重建工作。重建后的桥梁摒弃了独柱墩,而采用每个墙式墩上放置两个减隔震支座的方式(见图 2-25)。

图 2-25 高架桥拆除及重建

综上所述,桥梁抗震概念设计非常重要。减轻桥墩震害可通过减轻主梁重量、改善桥墩形状及配筋、合理分配各桥墩地震力、设置减隔震装置等措施来解决。盲目提高抗震设防烈度及设计地震荷载、增加墩柱抗震能力的被动抗震方式是不可取的。

2.3.2 桥台震害

桥台震害与地震特性、桥台自身构造及其纵横向刚度、桥台周围土体特性、桥台与上部结构的连接形式、桥台—土体—基础—上部结构的动力相互作用等诸多因素有关,震害机制较为复杂。

以汶川地震为例,桥台的震害主要表现为:① 桥台与主梁的碰撞,导致桥台自身破坏,包括背墙、胸墙、护坡破坏,以及台座两侧挡块破坏等;② 桥台底部承载力丧失而发生倾覆破坏;③ 地基失效、台后填土沉陷引起桥台滑移破坏等。桥台的具体破坏形式包括桥台墙体开裂、肋板开裂、锥坡开裂、护坡垮塌、桥台填料垮塌、搭板下沉等(见图 2-26)。

(a) 桥台墙体开裂

(b) 桥台肋板开裂

(c) 桥台护坡垮塌

(d) 搭板下沉

图 2-26 汶川地震桥台典型震害

以汶川地震寿江大桥、高原大桥桥台震害为例,探讨桥台震害与落梁震害之间的联系。

1) 寿江大桥桥台震害

寿江大桥为桥面连续简支梁桥,汶川地震中,桥台震害表现为主梁与桥台碰撞,伸缩缝顶紧,桥台胸墙与翼墙交角处近似 45°开裂,挡块破坏(见图 2-27)。由于桥台胸墙未被撞碎,限制了梁体位移,落梁破坏未发生。

(a) 桥台台帽处破坏

(b) 翼墙交角处破坏

(c) 梁体纵向移位

图 2-27 汶川地震寿江大桥桥台震害

2) 高原大桥桥台震害

高原大桥为桥面连续四跨简支梁桥。汶川地震中,总体破坏为主梁整体沿纵桥向向一侧滑移,该侧桥台胸墙被撞碎,并被顶入路基 50 cm 以上,路面隆起,桥台翼墙倒塌,横桥向挡块撞碎。高原大桥落梁的主因是桥台薄弱,特别是胸墙薄弱,导致主梁纵向位移失控发生落梁(见图 2-28)。

由上述两个案例可知,桥台对桥梁的约束作用较为明显。桥台的背墙约束了梁体纵向移位,在地震中对防止落梁有较大贡献,尤其是对桥梁总长较小的桥梁约束作用明显。震害调查分析表明,单联桥梁震害相较于多联长桥震害轻。

(a) 桥台胸墙破坏　　　　　　　　(b) 落梁破坏

图 2-28　汶川地震高原大桥震害

2.4　地基与基础震害

软弱地基失效是导致地基与基础震害的主要原因。桥位周围土体易受地震扰动时,下部结构可能发生沉降及水平向移动。对建于松散饱和砂土层的基础,由于地基液化会导致承载力严重下降,还可能导致岸坡滑移,并对墩、台造成巨大的挤压力,从而引起墩台倒塌或折断。

建于 20 世纪 70 年代以前的桥梁,地基失效引起的桥梁结构破坏震害较为常见。例如,在 1964 年美国阿拉斯加地震和日本新潟地震、1968 年日本十胜地震、1970 年新西兰马丹地震,以及我国 1966 年邢台地震、1975 年海城地震和 1976 年唐山地震等。导致地基震害的原因主要包括地表断裂、地基失效、砂土液化、滑坡四类。地基基础破坏会导致桥墩及桥面倾斜、位移增大,进而引起落梁等震害(见图 2-29)。

(a) 承台破坏　　　　　　　　(b) 桩基破坏

(c) 桩基础与承台连接处破坏

(d) 液化导致地面破坏、桥墩倾斜　　　　(e) 地震地质灾害造成桥梁破坏

图 2-29　地基与基础震害

日本阪神地震中,土地液化导致地面流,进而引起岸壁移动,使桥梁上部结构及桩体受损,码头向大海移动了 1 m(见图 2-30)。

图 2-30　日本阪神地震流动化地表崩塌

地基震害属于非结构性震害,难以通过构造措施防范,这是地基震害的一个显著特点,也是抗震设计中的难点。因此,只有从桥位地质方面进行探讨,掌握地基震害的原因,才能采取有效的应对措施。

2.5 桥梁震害启示

2.5.1 震害产生的客观原因

桥梁震害产生的客观原因包括地震的不确定性与抗震设防烈度偏低、对抗震认识的局限性、桥梁设计内因三大部分。实际上,引起桥梁结构破坏的因素可能是多种多样的,有时可能是一种因素起主要作用,有时可能是几种因素共同起作用。

1) 地震的不确定性与抗震设防烈度偏低

地震预测及抗震设防烈度存在不确定性,灾难性大地震很多发生在低烈度区。例如,日本神户原属于低烈度安全区,80年来相对平静,千年未遇大地震。1993年,加速度设计峰值为 0.3g 的神户发生了峰值 0.6g 的大地震。2011年,加速度设计峰值为 0.3g 的日本东北海发生了峰值 0.9g 的大地震。海地 200 余年无大地震,房屋抗震设防烈度普遍很低。2010 年 1 月,海地发生里氏 7.0 级地震,震害严重。

总体来说,我国结构抗震设防烈度偏低,发生的地震强度超过抗震设防标准时,大地震必造成大灾难。例如 1976 年唐山大地震损失惨重,主要原因是当时设计规范不完善,唐山市属于地震烈度为 6 度的地区,对地震没有设防,结构物都未经过抗震设计,以致在烈度为 11 度的强烈地震作用下酿成大灾。汶川的抗震设防烈度原为 7 度,但 2008 年汶川地震烈度为 11 度。汶川地震后,我国地震动参数区划图进行了又一次调整,个别地区的抗震设防烈度有了较大提高。

大量震害表明,结构既要满足"按烈度设防",也要具备防御突发性超烈度大地震的能力。显然,后者尚未得到应有的重视。从防御突发性超烈度大地震的角度来说,减隔震设计技术相对延性抗震设计技术具有更好的适应性和更强的韧性。

地震预测一直是世界性难题。《中国地震动参数区划图》是贯彻落实《中华人民共和国防震减灾法》,确定一般建设工程抗震设防要求的国家标准。区划图作为抗震设防的依据,多年来一直在修订,历次修订基本上伴随着抗震设防烈度的提高。

2) 对抗震认识的局限性

尽管早在1926年,世界上就有了第一部涉及桥梁抗震设计条款的规范,但直到20世纪70年代前后,人们对桥梁的地震动力反应才有了比较清楚和全面的认识。20世纪70年代以前,各国规范基本采用静力法进行抗震设计。例如美国1965年版的AASHTO《桥梁设计规范》规定,对采用扩大基础的桥梁,水平设计地震力取为结构重量的0.02倍;对采用桩基础的桥梁,水平设计地震力取为结构重量的0.06倍。日本道路协会1964年版的《公路桥梁下部结构设计规范》规定,采用地震系数法进行抗震设计。我国更是在1976年唐山大地震后,才迎来了桥梁抗震研究的转折点。

我国于1988年颁布实施《铁路工程抗震设计规范》(国标),1990年颁布实施《公路工程抗震设计规范》(部标)。2008年汶川地震,进一步促进了我国桥梁抗震研究工作。2008年颁布实施《公路桥梁抗震设计细则》(JTJ/T B02—2008),2011年颁布实施《城市桥梁抗震设计规范》(CJJ 166—2011),2020年颁布实施《公路桥梁抗震设计规范》(JTG/T 2231-01—2020)。

规范是设计的基础,是设计满足功能要求的保障。但截至2020年,在《公路桥梁抗震设计细则》(JTG/T B02—01)实施前的既有公路桥梁占其总数量的68%。这部分桥梁绝大部分尚未按照最新抗震设计规范进行抗震加固,抗震能力堪忧。早期修建的桥梁占据了公路和市政交通重要位置,给生命线工程带来较大风险,成为我国桥梁抗震工程中的薄弱环节。

3) 桥梁抗震设计内因

最近20年来,桥梁震害产生的内因主要归结为结构设计和构造措施两大方面。

(1) 结构设计方面。传统基于结构延性的抗震设计方法,依靠提高结构件自身的强度、变形能力来抗震。尽管通过适当选择塑性铰的位置和仔细设计构件的细部构造可以确保结构的整体性,防止结构倒塌的发生。但由于允许大部分地震能量从地面传递给结构,结构的损伤乃至破坏不可避免。尤其是延性抗震设计应对罕遇地震的韧性不足。

(2) 构造措施方面。大量桥梁未设置有效的防落梁系统,包括未根据规范要求设置防落梁构造,或设置了防落梁构造措施,但震时未发挥预期效果。

防落梁构造措施作为防落梁系统的重要组成部分,其有效性已经在美、日等国家得到验证。对于预防罕遇地震下发生落梁等毁灭性破坏具有十分重要的意义。但在我国,技术人员对防落梁构造措施的设计不够重视,防落梁系统设计不完善的现象普遍存在。

2.5.2 震害教训

应充分认识到,按早期规范设计的既有桥梁存在地震易损性。对处于生命线工程关键节点的桥梁,应充分认识到其破坏导致的严重后果,以及对其进行抗震加固的紧迫性。总结桥梁震害,得到以下启发:

(1) 桥梁抗震设防应采用性能设计原则,即综合考虑桥梁在交通路网中的重要性、工程造价、结构遭遇地震作用水平、紧急情况下维持交通能力的必要性、结构的耐久性和修复费用等因素,定义桥梁的重要性及其允许的损坏程度(性能)。

(2) 应充分发挥结构整体,尤其是各墩台的抗震能力,消除导致桥梁致命性损害的薄弱环节。盖梁作为能力保护构件,应避免破坏。对于带系梁的桥墩,应遵照强柱弱系梁的设计原则,将塑性区域控制在系梁范围内。对复杂桥梁(如斜弯桥、高墩桥梁、桥墩刚度变化很大的桥梁、斜拉桥、悬索桥、大跨拱桥),应进行空间动力时程分析。

(3) 重视并优先采用减隔震设计技术,以提高桥梁的抗震性能。桥梁减隔震设计通过隔震、减震或减隔震兼有的方式,降低地震能量输入,可使桥梁在设计地震下塑性集中于减隔震装置,桥梁主体结构处于基本弹性状态。减隔震桥梁应对地震不确定性的能力更强。梁式桥是公路、市政、铁路桥梁中应用最为广泛的桥型,占桥梁总数的绝大多数。一般情况下,梁式桥均可尝试通过减隔震技术提高结构抗震能力。

(4) 研发更有效的防落梁系统,重视防落梁系统的协调性设计,提高应对地震不确定性的能力。

2008年以前修建的桥梁占据了现有桥梁的绝大多数,且在交通路网中处于控制性节点。减轻桥梁地震灾害,最重要的是有效提升这部分桥梁的抗震性能。采用有效、成熟的桥梁减隔震技术,可实现在投资增加不多的情况下,大幅提高结构的抗震性能,并达到桥梁结构、附属设施双保护的目的,是一条理想的减轻地震灾害的途径,应大力推广。

3
桥梁减隔震设计方法

3 桥梁减隔震设计方法

严格来说,减隔震的抗震设防思想应分为减震与隔震两种情况。隔震是地震的隔离,减震是地震能量的耗散。现实中,减隔和隔震往往相互辅助,同时存在。

减隔震技术最早发源于建筑隔震。桥梁减隔震技术属于结构控制理论中被动控制的一种。桥梁结构不同于一般土木工程,其减隔震设计理论与方法有其自身的特点和难点。

3.1 减隔震技术概述

3.1.1 隔震思想的产生

为了降低结构所受地震的影响,将结构与地面隔离开来的想法由来已久。有记载的可以追溯到19世纪末20世纪初,距今已有100多年历史。

1881年,日本学者河合浩藏提出了基础减隔震概念,即在地基上纵横交错放置几层圆木,圆木上做混凝土基础,再在混凝土基础上盖房,以削弱地震传递的能量(见图3-1)。

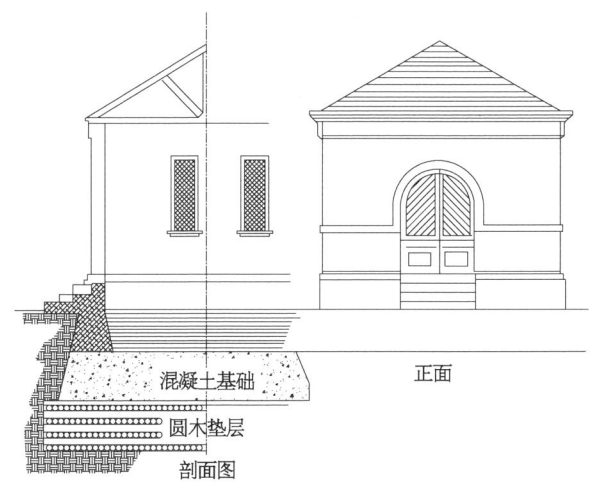

图 3-1 基础减隔震概念

1906年,一个德国人申请了美国专利,他的发明就是在建筑基底放一刚性底板,并用硬材料制成的球体支承着,达到隔震的目的[见图3-2(a)]。1908

年,意大利 Messina-Reggio 地区发生大地震,死亡人数达 16 万,主要由房屋倒塌造成。为了给地震区重建提供可靠的设计方法,由工程师和大学教授组成了一个委员会,经过研究提出两个建议:其一是建议用砂层或滚子将建筑物与基础分离开来[见图 3-2(b)];其二是建议使用固定基础,通过增加结构的侧向水平抗力来增强结构的抗震能力[见图 3-2(c)]。尽管后来采用了后一种方法,但由此可见,当时已经提出了隔震的思想。1909 年,英格兰的一个医生申请了英国专利,建议在建筑底部用一层沙或滑石将建筑与基础隔离开来[见图 3-2(d)]。1929 年,新西兰人申请了发明专利,建议的方法是在建筑的底部和基础之间放置"Bed"垫层,这个"Bed"垫层由可以耗能或能够减少冲击的材料组成[见图 3-2(e)]。这样的发明在 20 世纪 60 年代以前很多,只是很少用于实践。

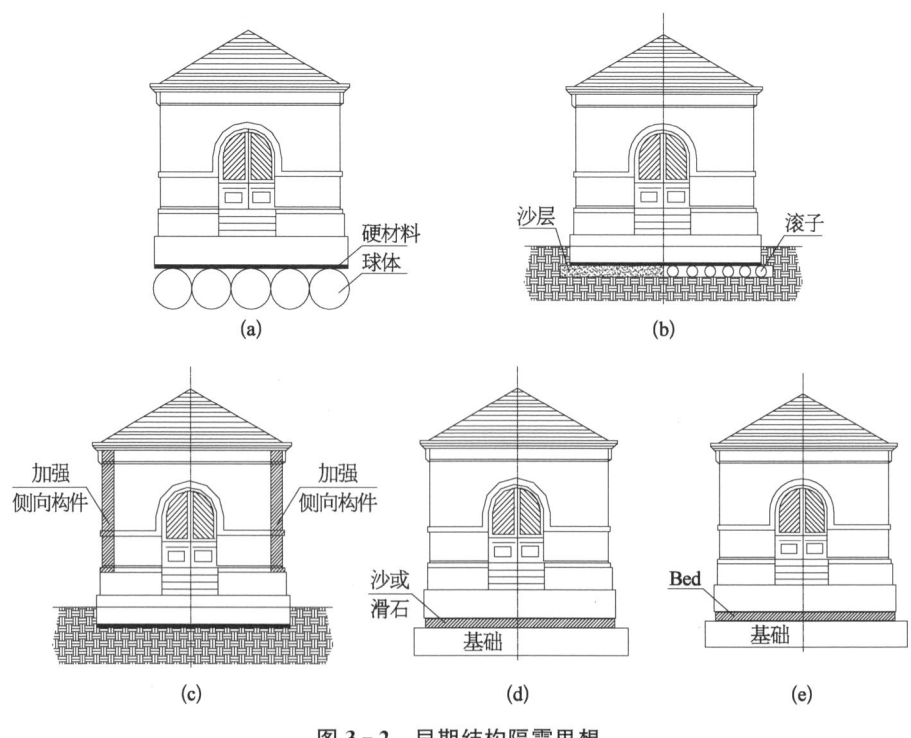

图 3-2 早期结构隔震思想

20 世纪 60 年代中后期,新西兰科学与工业研究部开始从事减隔震研究,开发了一些隔震和消能装置的实用技术,并应用于实际工程。同时,美国学者 Kelly 在 20 世纪 60 年代提出了叠层橡胶支座隔震的方法,引入了柔性约束,使隔震技术在土木工程中的实现成为可能。由于桥梁的上、下部结构通常采用支座进行连接,这种方法在以后的桥梁设计中得到了广泛应用。第一个使用未加劲叠层橡胶隔震支座的工程是南斯拉夫考比市的柏斯坦劳奇小学,建成于1969年。在20世纪60年代,欧洲的许多叠层橡胶隔震支座被应用于建筑的竖向隔震,目的是防止地铁等引起的振动。叠层橡胶隔震支座及其他隔震装置真正开始应用于实践始于20世纪70年代初的法国、新西兰、意大利、美国、日本等国家。但是,由于叠层橡胶无法提供足够的阻尼,并且支座初始刚度无法满足结构正常使用的需求,因而受到限制。

3.1.2 减隔震技术的发展

1) 结构振动控制理论

系统地研究减隔震设计并付诸工程实践始于20世纪70年代。1972年,美国华裔学者J.T.P. Yao首次提出了土木工程结构振动控制的概念。之后结构振动控制在理论分析、试验研究和工程应用等方面得到了迅猛发展,并越来越受到土木工程界的重视。结构控制技术是指在工程结构的特定部位装设某种装置、某种机构(如耗能支撑等)、某种子结构(如调谐质量阻尼器等)或施加外力(外部能量输入),以改变或调整结构的动力特性或动力反应,确保结构本身及结构中的各种附属物安全。与传统抗震设计方法相比,结构振动控制技术以较小的经济代价、灵活的控制策略和控制装置,有效地降低了受控结构的动力响应和罕遇地震荷载作用下的破坏程度。

一般来说,根据控制时是否需要外加能源,结构振动控制可分为被动控制、主动控制、混合控制和半主动控制。主动控制系统需要提供很大的控制力,在大地震来临时,能源陷于瘫痪,其可行性存在疑虑。

被动控制是一种无源控制,即在控制过程中不需要输入外部能量,通过在结构的某些部位安装隔震或阻尼消能装置,降低结构的地震反应,其原理如图3-3所示。从本质上说,桥梁减隔震方法也是结构控制方法中的一种,源于结构控制理论,属于被动控制。相对而言,桥梁减隔震技术发展更为成熟,实际工程应用广泛。

减隔震技术是指通过在桥梁上部结构和下部结构之间,或下部结构与基础之间

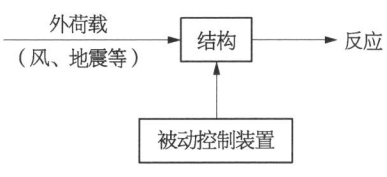

图 3-3 被动控制的工作原理

设置减隔震装置,以改变或调整结构的动力特性或动力反应,尽可能地将结构或构件与可能引起破坏的地震地面运动或支座运动分离开来,大大减少传递到上部结构的地震力和能量。在满足正常使用要求的情况下,这种分离或解耦是通过增加系统的柔性和提供适当的阻尼来实现的。由于将桥梁塑性化构件限制在了减隔震支座上,大震时,桥梁主体结构基本处于弹性状态,可实现大震下结构基本无损伤,大幅提高了结构的抗震性能,提高了罕遇地震下的结构韧性,同时也降低了工程造价。甚至在有些情况下,采用减隔震技术是解决实际结构抗震问题的唯一有效途径。

2) 减隔震设计规范及产品

1971年美国San Fernando地震后,美国学者对结构的地震效应进行了大量研究,在桥梁抗震规范中增加了桥梁减隔震相关规定,并形成了一系列减隔震装置产品规范。日本在经历1964年新潟地震及1995年阪神地震后,分别修订了地震设计规范,提出了直下型地震的概念,同时也针对简支体系的桥梁制定了减隔震规范,并针对橡胶类隔震装置制定了详细的产品规范。1979年,Robinson等发明了铅芯橡胶支座(lead rubber bearing,LRB)并用于实际工程,在隔震装置中引入阻尼耗能装置,即在隔震的基础上引入了减震,形成铅芯橡胶减隔震支座。从此,桥梁减隔震技术进入了快速推广阶段。

黏滞阻尼器是常用地震耗能装置,属于减震装置的一种,最早于1962年应用于日本首都1号高速公路的5孔钢筋混凝土连续梁桥中。该桥在桥台、桥墩与上部结构之间设置黏滞阻尼器进行减震。美国著名的金门大桥也采用了黏滞阻尼器进行抗震加固。实验及工程实践表明,阻尼器对于斜拉桥的地震及风振控制效果明显。在美、日等发达国家,黏滞阻尼器在桥梁上已有广泛应用。早期,我国重庆长江鹅公岩大桥采用黏滞阻尼器来减少钢梁在地震荷载、车辆荷载及风荷载作用下的纵向变形,现在也有广泛应用。

我国现行桥梁抗震设计规范针对桥梁减隔震设计的一般规定、减隔震装置、计算建模原则与分析方法、性能要求与抗震验算等均进行了详细规定。

3) 桥梁减隔震技术早期应用案例

新西兰和意大利是世界上较早在桥梁中应用减隔震技术的国家。1973年,新西兰修建了第一座隔震桥梁Moto Bridge。该桥长170 m,为钢桁架桥,采用钢筋混凝土薄腹桥墩。上部结构采用滑动支承隔震,隔震系统的阻尼由U型钢弯曲梁提供。之后,桥梁减隔震技术被美、日等国家广泛应用于新建桥梁和旧桥抗震加固中。

（1）美国。美国第一次将减隔震技术用于桥梁是在1984年，利用铅芯橡胶支座对Sierra Point Bridge进行抗震加固。建于1957年的Sierra Point桥（8车道、10跨，总长188 m，简支钢箱梁跨线桥）因早期评估桥墩抗剪能力严重不足，于1984—1985年进行了抗震加固，即在原来简支钢箱梁的两侧安装纵向约束装置，并将原来安装的钢支座替换为铅芯橡胶支座。1989年美国洛马·普里埃塔7.0级地震中，在桥墩底部、墩顶隔震支座下方和隔震支座上方记录到的纵向水平加速度峰值分别为0.33g（设计隔震支座时预计PHA可达0.6g）、0.42g和0.09g，该桥没有发现任何结构损伤，成为早期验证减隔震技术有效性的典型案例。

美国在桥梁减隔震技术应用方面处于世界前列。新建桥梁和既有桥梁的加固，大部分减隔震装置均采用铅芯橡胶支座，也有一些采用摩擦摆式隔震支座（FPI）、高阻尼橡胶支座（HDR）等减隔震装置。在既有桥梁抗震加固中，减隔震技术的应用大幅降低了墩柱承受的地震力，使得墩柱免于加固，而只需更换支座即可提高桥梁抗震性能，满足规范要求。通过美国早期桥梁减隔震技术应用案例（表3-1）可以直观感受到减隔震技术的优势。

表3-1 早期美国桥梁减隔震技术应用案例

桥名及年份	桥 型	桥跨布置	减隔震支座类型	地震力及场地类型	附 注
Deas slough Bridge（加固，1990）	三跨连续钢板梁	宽18 m，总长98 m，最大跨43 m，斜角38°	LRB（DIS）	AASHTO、$A=0.2g$、Ⅲ类场地	采用隔震设计，重新分配地震力，降低固定墩受力，使加固工作只需更换支座即可提高抗震性能
Burrand Bridge Main spans（加固，1993）	简支桁架	宽13 m，总长329 m，15 m跨简支，最大跨90 m	LRB（DIS）	AASHTO、$A=0.21g$、Ⅰ类场地	采用隔震设计，地震力减小了4倍，至下部结构承受能力的范围之内
Roberts Park Overhead（新建，1996）	五跨连续曲线钢板梁	宽12 m，总长275 m，最大跨56 m	LRB	AASHTO、$A=0.26g$、Ⅱ类场地	采用隔震设计，地震力减小了4倍，避免了由于喇叭形单柱墩的倾覆所引起的桩竖向超载

续 表

桥名及年份	桥 型	桥跨布置	减隔震支座类型	地震力及场地类型	附 注
Sierra Pt. Overhead(加固,1985)	十跨简支钢板梁	宽 36 m、总长 188 m、最大跨 30.5 m	LRB (DIS)	Caltrans、$A=0.6g$、$0\sim3.0$m 淤积层	采用隔震设计,弹性地震力减小到原来的 1/6,使桥墩受力在弹性范围内
Eel River Bridge(加固,1987)	二等跨简支钢桁梁	宽 8 m、总长 185 m、单跨长 92.5 m	LRB (DIS)	Caltrans、$A=0.5g$、小于 46m 淤积层	采用隔震支座替换钢支座,降低地震力,保护了非延性墙式墩
Main Yard Vehicle Access Bridge(加固,1987)	二等跨简支钢板梁、混凝土桥面	宽 10 m、总长 78 m、斜角 58°	LRB (DIS)	Caltrans、$A=0.5g$、$3\sim24.5$m 淤积层	采用隔震支座替换钢支座,降低地震力,避免了双柱式排架墩柱的剪切破坏,减小了高桥台受力
All-American Canal Bridge(加固,1988)	三跨连续钢板梁替换钢桁架	宽 12.5 m、总长 125 m、三跨连续	LRB (DIS)	Caltrans、$A=0.6g$、45.7m 淤积层	采用隔震技术并替换原有上部结构,使不必对柱和基础或水下部分进行加固
Carlson Boulevard Bridge(新建,1992)	简支多室混凝土箱梁	$15\sim17$ m 变宽、单跨 46.6 m、斜角 40°	LRB (DIS)	Caltrans、$A=0.7g$、$24.4\sim45.7$m 淤积层	隔震设计将弹性地震力系数从峰值 3 减至 0.45,利用了墙式桥台刚度大的优点
Olympic Boulevard Separation(新建,1993)	四跨连续钢板梁	宽 9.5 m、总长 213.4 m、最大跨 64 m、曲率半径 365.8 m、8%的坡度	LRB (DIS)	Caltrans、$A=0.6g$、$3\sim24.4$m 淤积层	采用隔震设计,地震力减小了 6 倍多,基础造价节约了 38%
Route 242/Ⅰ-680 Separation(加固,1994)	三跨预应力混凝土箱梁	宽 12.2 m、总长 163 m、最大跨 65.2 m、斜角 69°、梁高 2.5 m	LRB (DIS)	Caltrans、$A=0.53g$、$24.4\sim45.7$m 淤积层	在 3 种不同的加固方案中,隔震方案最经济,用隔震支座替换了钢摇摆支座

续 表

桥名及年份	桥 型	桥跨布置	减隔震支座类型	地震力及场地类型	附 注
Bayshore Boulevard Overcrossing（加固，1994）	四跨连续焊接钢板梁	分叉结构、桥长 149 m + 127 m、分叉端宽 10.4 m、12.4 m，分叉末宽 17 m，最大跨 53 m	LRB (DIS)	Caltrans、$A=0.53g$、$0\sim3$ m 淤积层	对此复杂线形来说，隔震方案最经济，由于梁下空间限制，隔震支座放在加强后的横梁上
Route 161 Bridge（新建，1991）	四跨连续钢板梁	宽 14 m，长 108.5 m，斜角 26°，最大跨 29.3 m	LRB (DIS)	AASHTO、$A=0.14g$、Ⅲ类场地	隔震设计降低了整个结构的地震力，并通过调整隔震支座刚度合理分配各桥墩地震力，避免了因桥墩高低差异造成刚度不均导致水平地震力分配的不合理
Poplar Street East Approach Bridge #082-0005（加固，1992）	五跨连续、一跨简支、支承于多柱、墙式墩、桩基础	34.1～50.3 m 变宽、总长 261 m、最大跨 49.1 m	LRB (DIS)	AASHTO、$A=0.12g$、Ⅲ类场地	通过比较，废弃原有加固方案，采用隔震加固方案进行加固来改善抗震性能
Chain-of-Rocks Road over FAP 310（新建，1994）	四跨连续曲线钢板梁	宽 14.3 m、总长 146 m、最大跨 45.1 m、5°水平弯曲	LRB (DIS)	AASHTO、$A=0.13g$、Ⅲ类场地	隔震设计使得曲线形上部结构的水平地震力在下部结构各方向的分布比较均匀，总体地震力减小了 2 倍以上
1st Street over Figuero（加固，1995）	连续钢板梁	宽 30.5 m、总长 45 m、8%坡度	LRB (DIS)	Caltrans、$A=0.6g$、$0\sim3$ m 淤积层	采用隔震加固方案，地震力减小了 6 倍，避免对下部结构和基础进行加固
Colfax Avenue over L.A. River（加固，1995）	主跨桁架接短钢梁跨	宽 10.7 m、总长 90.2 m、最大跨 72.5 m、斜角 53°	LRB (DIS)	Caltrans、$A=0.5g$、$3\sim24.4$ m 淤积层	采用隔震加固方案，地震力减小了 4 倍，避免对下部结构、基础加固；降低了对上部结构中桁架构件的加固要求

续 表

桥名及年份	桥 型	桥跨布置	减隔震支座类型	地震力及场地类型	附 注
Squamscott River Bridge（新建,1992）	六跨连续钢板梁	宽 16 m、总长 266.4 m、最大跨 47.5 m	LRB (DIS)	AASHTO、$A=0.15g$、Ⅲ类场地	采用隔震设计和合理分配地震力使得固定墩尺寸和桩的数目减小，从而导致桥梁总体造价节约4%
Aurora Express-way Bridge（加固,1993）	三跨连续钢梁、混凝土桥面板	宽 14.6 m、总长 61.3 m、最大跨 26.2 m、斜角1°、略有弯曲	LRB (DIS)	AASHTO、$A=0.19g$、Ⅲ类场地	改善抗震性能是整个加固工程的一部分，隔震将地震力减小了3倍，调整设计使桥墩的受力降到最小
Mohawk River Bridge（新建,1994）	三跨铆接钢板梁、简支铆接钢板梁	宽 17.1 m、总长 304.8 m、最大跨 65.5 m、略弯、斜桥	LRB (DIS)	AASHTO、$A=0.19g$、Ⅱ类场地	采用隔震技术，避免了对墩柱和基础加固，保证了结构在震后的正常使用性能
Clackamas Connector（新建,1992）	八跨后张预应力混凝土箱梁	宽 11 m、总长 306.3 m、最大跨 41.1 m、平弯	LRB (DIS)	AASHTO、$A=0.29g$、Ⅲ类场地	采用隔震设计，减小了基础尺寸，节约净成本的12%，使锥形单柱墩免于地震破坏
Duwamish River Bridge（加固,1995）	二跨连续曲钢板梁、混凝土箱梁	宽 20.7 m、总长 186.5 m、最大跨 83.8 m、平弯	LRB (DIS)	AASHTO、$A=0.27g$、Ⅱ类场地	加宽/加固工程，地震力减小了4倍，地震力控制在下部结构和基础的能力范围内

（2）日本。日本自1990年开始将减隔震技术应用于桥梁，除新建减隔震桥梁外，还对大量已建桥梁进行了减隔震化改造和加固。日本第一座建成的减隔震桥梁是静冈县横跨Keta河的宫川大桥（见图3-4）。该桥于1991年建成通车，为32.85 m+39.0 m+32.85 m三跨连续钢桁架桥，坐落在Ⅰ类场地上。宫川大桥使用铅芯橡胶支座减隔震。该桥没有采用减隔震

技术时,计算的顺桥向基本振动周期为0.3 s。经过减隔震设计的桥梁,在水准一地震作用下,顺桥向基本振动周期为0.8 s;在水准二地震作用下,基本振动周期为1 s。

图3-4 日本第一座使用铅芯隔震橡胶支座的宫川大桥

(3) 中国。南疆铁路线布谷孜大桥(见图3-5)建成于1999年,是我国最早采用减隔震技术的桥梁。该桥为9跨32 m简支梁桥,采用铅芯橡胶支座(LRB)进行减隔震设计。

图3-5 布谷孜大桥

2008年汶川地震后,我国相继修订或新制定了建筑、桥梁抗震规范或标准,完善了减隔震设计相关内容,同时发布了一批可用于工程的减隔震产品标准。

除意大利外,世界各国桥梁减隔震设计中最常采用的是铅芯橡胶支座和

高阻尼橡胶支座,且通常安装在桥梁上部结构与桥墩或桥台之间。对这些应用实例进行归纳,有如下特点:

(1) 大部分减隔震桥梁位于高烈度地震区。由于减隔震支座能均匀地将地震力分配到每跨桥墩上,避免地震力集中于某一桥墩,因此,低烈度区的桥梁也采用减隔震技术来改善桥梁结构的抗震性能。

(2) 减隔震桥梁所处场地类型、基础形式。在美国、日本,按其规范规定的Ⅰ、Ⅱ、Ⅲ类场地上均建有减隔震桥梁,基础形式包括扩大基础、桩基础等。

(3) 梁桥隔震。隔震技术在简支梁桥加固工程中应用广泛。通常先将简支桥面板连续化,再引入隔震支承。钢结构及混凝土结构连续梁桥一般均可进行减隔震设计。

(4) 为了减少桥梁伸缩缝的使用以改善运营状况,同时提高结构的抗震能力,日本在许多超多跨径连续梁桥中使用了减隔震支座。在连续钢桥中,一联的长度已达到 910 m。在混凝土连续梁中,一联的长度已达 725 m。在正常使用条件下,由温度、收缩、徐变等引起的减隔震支座产生的抗力很小,为超多跨连续梁桥的设计提供了可能,使连续长度增加,改善了桥梁的使用功能。

近几十年来,世界各地不乏减隔震桥梁成功经受地震考验的案例,加速了桥梁减隔震技术的推广。

3.1.3 减隔震措施分类

根据采用减隔震措施的具体部位,减隔震技术可分为地基减隔震、基础减隔震和上部结构减隔震。

1) 地基减隔震

地基减隔震可分为绝缘与屏蔽两种。绝缘主要利用地震波在土层传播过程中逐渐衰减的特性,地震能量在传播中也逐渐耗散[见图 3-6(a)],具体包括土体非均匀性引起的散射、层状土体界面对地震波的反射、地基土层的黏滞阻尼、液化土层对地震波的滤波和吸收、塑性变形土颗粒的摩擦耗能等。一般认为具有较大的塑性变形的土层,如软弱夹层、黏性土层等具有较好的地震衰减作用,但工程中这类土层往往是不良地质,应当谨慎处理。绝缘是在地基中降低输入波的方法,可以采用软弱地基或高刚性基础,或利用地基逸散衰减的方法。屏蔽是在建筑物周围开挖深沟或埋入屏蔽板等,将长周期为卓越的那部分表面波隔断[见图 3-6(b)],但是该类方法不能隔离竖向地震。

3 桥梁减隔震设计方法

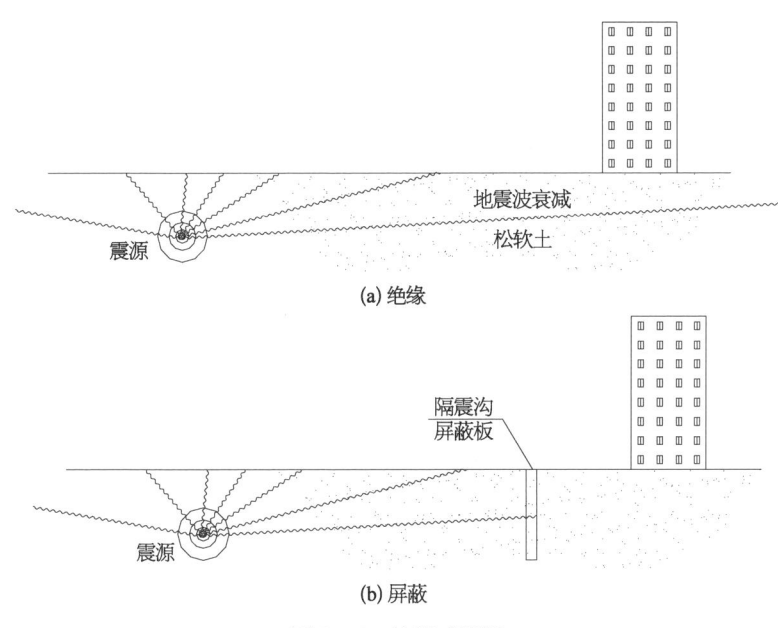

图 3-6 地基减隔震

2) 基础减隔震

基础减隔震是在结构的基础上设置减隔震装置,分为周期延长、能量吸收和绝缘等方法。周期延长法是采用某种装置将整个结构体系周期加长的方法。能量吸收是采用减震装置以控制地震时结构物不产生过大变形,并在地震结束时尽早停止振动。绝缘是采用液体浮油、磁悬浮、滑动支承、滚动轴承等装置将地震动断开。如果能保证结构的稳定性,这种方法就是理想的隔震方法。

基础减隔震概念最早是由日本学者河合浩藏于 1881 年提出的。1969 年,南斯拉夫斯考比市的柏斯坦劳奇小学震后重建采用天然橡胶垫进行基础减隔震。在建筑结构中,基础减隔震(见图 3-7)得到了广泛的应用。至今,世界范围内已经建造了数以万计的基础减隔震建筑。

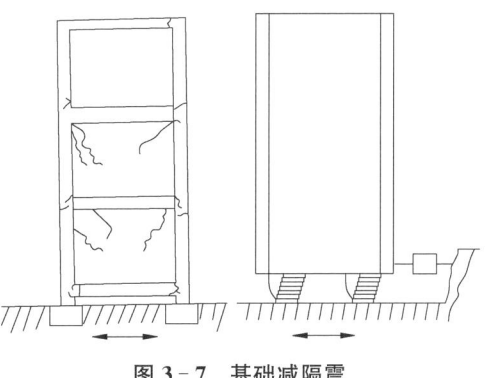

图 3-7 基础减隔震

67

对于桥梁结构而言，基础减隔震技术应用并不多，还需要进行更多的研究，以适应各种不同的应用条件。

3）上部结构减隔震

上部结构减隔震主要是在结构的上、下部结构之间设置减隔震装置（见图3-8），以延长结构周期，并耗散地震能量，达到减小结构地震响应的目的。由于这种减隔震方式不需要引入外部能源，只需替换常规支座即可实现减隔震效果，比较经济且易于实现，被桥梁工程广泛应用，也是本章讨论的重点。

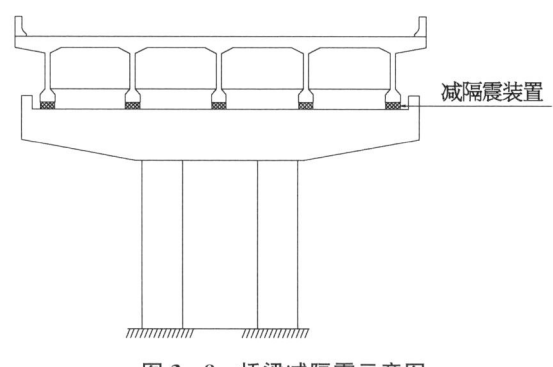

图 3-8 桥梁减隔震示意图

3.2 桥梁减隔震设计原理及适用条件

3.2.1 减隔震设计原理

桥梁减隔震的原理是改变结构体系的自振频率，避免结构的基频或对结构地震响应具有显著贡献的自振频率处在场地地震动能量较为集中的频率段，从而减小结构地震响应（即"隔震"）。隔震后的结构较柔，在正常使用条件下可能发生有害振动。为了控制过大变形，在结构中引入阻尼装置，以增加结构的阻尼，增加能量耗散，进一步减小结构的地震力与位移响应（即"减震"）。同时，保证结构在正常使用状况下具有足够的刚度。减隔震原理如图3-9所示。

桥梁减隔震设计是通过引入减隔震装置改变结构在地震中的动力响应特性，达到延长结构周期、耗散地震能量、降低结构地震响应的目的。桥梁结构的大部分耗能、塑性变形应集中于减隔震装置，允许这些装置在罕遇地震作用

3 桥梁减隔震设计方法

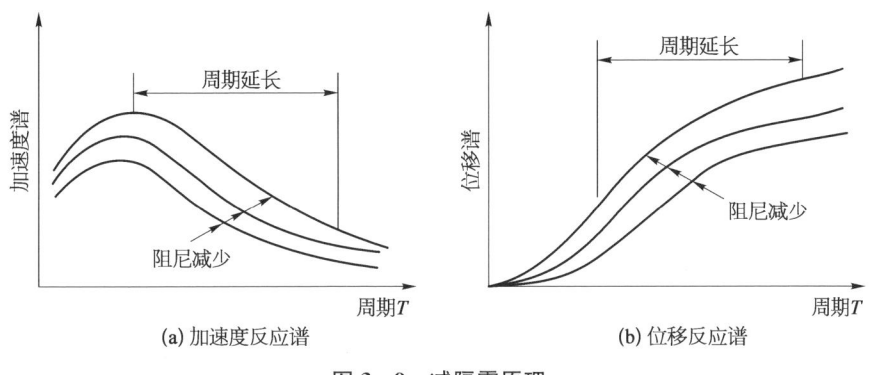

图 3-9 减隔震原理

下发生大的塑性变形,并存在一定的残余位移,而结构其他构件的响应基本为弹性或有限塑性。减隔震设计、延性抗震设计的基本机制比较见表 3-2。

表 3-2 不同结构抗震技术的基本机制比较

基 本 原 理	传统抗震设计	减 隔 震 设 计
降低刚度、延长周期	塑性铰实现刚度降低	隔震装置实现延长周期
增加阻尼	塑性铰的非弹性变形增加阻尼	阻尼装置实现增加阻尼

减隔震功能集于一种装置时称为整体型减隔震装置,减隔震功能分别通过不同装置实现时称为分离型减隔震装置。《公路桥梁抗震设计规范》(JTG/T 2231-01—2020)推荐的整体型减隔震装置有铅芯橡胶支座、高阻尼橡胶支座、摩擦摆式减隔震支座。常用的分离型减隔震装置有橡胶支座+金属阻尼器、橡胶支座+摩擦阻尼器。

分离型减隔震装置中,橡胶支座承担上部结构传下来的竖向荷载,并且起到隔震的作用。阻尼器又称"阻尼装置""能量耗散装置",一般不承担竖向力,常作为分离型减隔震装置的一部分,其主要作用是耗散地震能量、减小地震位移。此外,阻尼器往往还兼具以下功能:控制桥梁运动位移量,控制桥梁的纵飘(地震、风、车辆作用下),控制桥梁的横向摆动,减小伸缩缝,降低造价,避免落梁等。

减隔震装置应传力明确,同时,为了有效地实现减隔震设计的抗震设防目标,减隔震装置通常应具有下述 3 种基本特性:

(1)具有一定的柔度(柔性支承),能够提供较小的水平刚度,以便能够有效地延长减隔震结构的基本周期,避开地震动所蕴含的卓越周期,从而获得有效的减隔震效果。

(2) 具有一定的耗能能力(阻尼、耗能装置),从而降低实际地震中产生的过大水平变形,控制位移在设计允许的范围内。避免在地震作用下,由于变形过大而带来减隔震装置和连接构件的不稳定。

(3) 具有较大的竖向刚度,可承受结构的竖向作用(包括永久作用和可变作用),并且具有一定的水平初始刚度和屈服力,使得在正常使用状态下(如汽车、人群、风、制动力、温度等作用)不会产生危害或影响结构正常使用的变形或振动。

此外,采用减隔震设计的桥梁通常上部结构的位移较大,为了确保减隔震桥梁在地震作用下的预期性能,在相邻上部结构之间应设置足够的间隙,且需要对伸缩缝、相邻梁间限位装置、防落梁构造等进行合理的设计,并对施工质量给予明确规定。

传统基于结构延性的抗震设计方法,依靠提高结构自身的强度、变形能力来抗震。一些情况下,需要解决墩柱纵横桥向双向延性问题。尽管通过适当选择塑性铰的位置和仔细设计构件的细部构造可以确保结构的整体性,防止结构倒塌。但由于允许大部分地震能量从地面传递给结构,因此,结构的损伤乃至破坏不可避免,对桥梁中的设备、过桥管线等保护作用有限。且这种做法往往会增加投资,影响美观和使用功能,一些情况下甚至造成设计困难。桥梁减隔震设计技术将传统延性抗震设计的塑性化部位(如墩底等)转移至减隔震支座(见图3-10),达到对桥梁减隔震的目的。

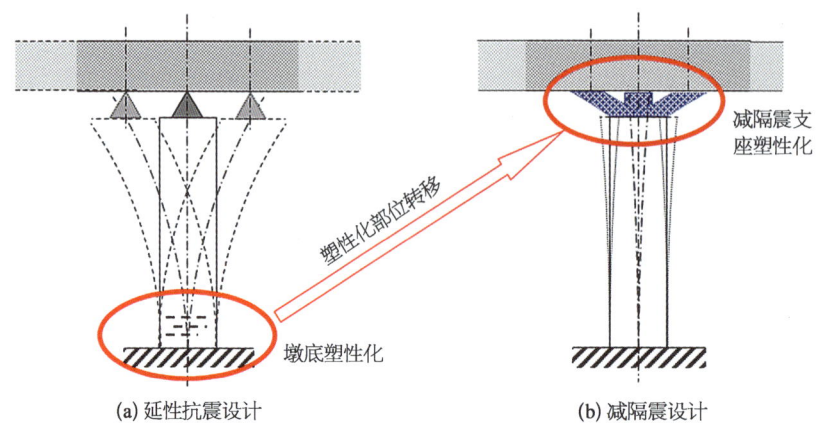

图 3-10 塑性化部位转移示意图

相对传统的桥梁延性抗震设计而言,桥梁减隔震设计在安全性、适应性和经济性方面具有较大优势,具体如下。

(1) 安全性。地震预测是世界性难题,地震基本烈度不确定。对于突发强震,传统延性抗震设计难以控制结构损伤程度,且难以保证不倒塌。相对而言,减隔震设计桥梁韧性更佳,应对地震不确定性的能力更强。

(2) 适应(保护范围)性。传统延性抗震设计只要求在抗震设防烈度内保护结构,未保护非结构构件及重要设备、过桥管线等。减隔震桥梁大幅降低输入上部结构的地震能量,塑性变形集中于减隔震装置中,可更好地实现对主体结构、非结构构件及重要设备、过桥管线等的保护。

(3) 经济性。

① 延性抗震设计桥梁建设费用高。延性设计硬抗的设计方法易导致结构断面大、刚度大、地震作用大的恶性循环。桥梁抗震设防等级越高,造价增加越多,一些情况下甚至导致设计困难。

② 延性抗震设计桥梁地震损失大。按延性抗震设计方法建造的桥梁,是通过在结构中选定某些构件产生非弹性(非线性)响应来耗散地震能量。这样的非弹性响应以结构的损伤为代价,造成直接维修损失(主要损失)、间接损失(建筑物封闭、变更交通路线或住址、商业贸易中断)和可能的事故(受伤、死亡)。相对桥梁减隔震设计技术,延性抗震设计造成的直接、间接损失更大。

③ 减隔震设计桥梁修复费用低。由于减隔震技术控制桥梁主要构件处于基本弹性范围内,因此,相对允许墩柱等进入塑性的延性设计,修复更快、更简易,修复费用更低。震害调查表明,受损严重的桥梁,不仅不具备使用功能,而且在后期重建过程中,成为站立不倒的废物,需要耗费巨大的社会资源对其进行拆除。同非隔震桥梁相比,在经历较大地震后,减隔震装置的更换比较容易,维修时间较短,维修费往往更低。

3.2.2 减隔震设计适用条件

现有研究表明,在场地条件比较稳定的情况下,可尝试使用减隔震技术。特别是在桥梁基本周期较短时采用减隔震支座,或者在各桥墩高度相差较大时,在矮墩上采用减隔震支座,能够起到良好的减隔震作用。国内外已有研究结果表明,只要满足下面任一条件,就可尝试使用桥梁减隔震技术。

(1) 地震波的角度。地震波的能量集中于高频段。

(2) 结构的角度。桥梁中有刚性墩,桥的基本振动周期比较短,如周期值位于规范设计谱的平台段;或桥梁是高度不规则的,如相邻桥墩的高度显著不同,因而可能存在对某个桥墩延性要求很高的情况;或多跨连续体系桥梁。

(3) 场地的角度。对于给定的场地,预期地面运动特性比较明确,具有较高的卓越频率,在长周期范围内所含能量较低。

抗震设计时,自振周期较长的桥梁,应充分讨论下部结构的地震位移增长、结构长周期化及高阻尼化得到的减震效果。另外,应检验地震作用下,是否会引起地基和隔震后桥梁的共振。故应判定地震时的地基自振周期和桥梁的自振周期是否接近。如果接近,就可能发生地基和隔震后桥梁的共振,应极力避免。不同场地条件下,减隔震设计的有效性存在较大的差异,如图 3-11(a)所示。软弱场地条件下,延长结构周期的有效性显著低于坚硬场地。有些情况下,在软弱场地,结构周期延长甚至可能引起地基与桥梁共振导致不利的地震响应,如图 3-11(b)所示。

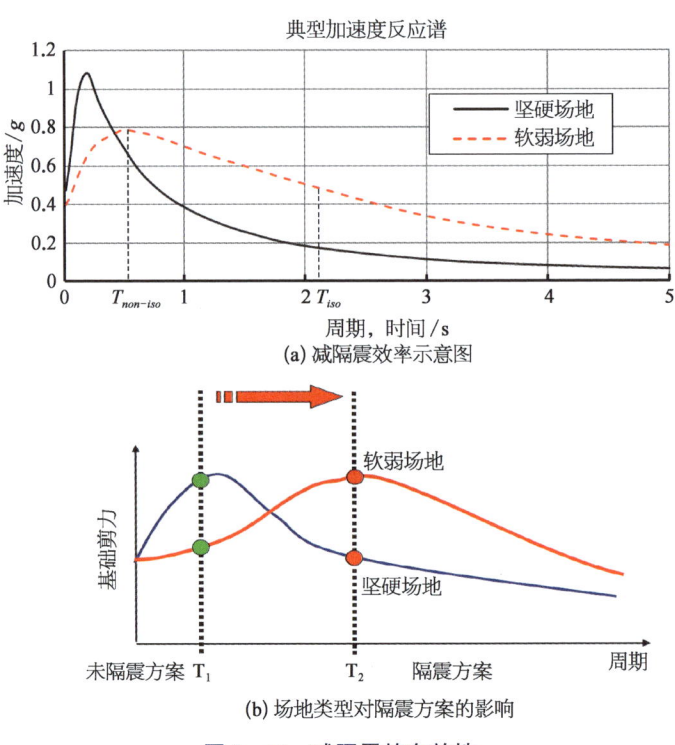

图 3-11 减隔震的有效性

因此，减隔震技术并不是在任何情况下均适用。在设计之前首先要判别其是否适合采用减隔震技术。存在以下情况之一时，不宜采用减隔震设计。

（1）基础土层不稳定、可能发生液化的场地，地震作用下，场地可能失效。此时，可能不能得到设计中预定的抗震效果，不可采用隔震桥梁。

（2）下部结构刚度小、桥梁结构本身的基本振动周期比较长，且场地特征周期比较长，延长周期也不能避开地震波能量集中频段，或延长桥梁结构周期后容易发生共振等情况。高桥墩等柔度较大、自振周期较长的桥梁，下部结构的地震位移大，隔震的长周期化对减小地震惯性力效果有限，不宜采用隔震技术。

（3）支座中可能出现较大负反力。

隔震支座在受拉状态下，受到水平方向的地震力时，其支座抗断裂能力和能量吸收性能等动力特性不稳定。因此，不应采用隔震桥梁设计。

3.3 桥梁减隔震计算分析

3.3.1 总体原则

对于采用减隔震设计的桥梁，即使在 E2 地震作用下，桥梁的耗能部位也位于桥梁上、下部连接构件（支座、耗能装置），上部结构、桥墩和基础基本不受损伤，保持在弹性状态。因此，规范规定，采用减隔震设计的桥梁，可只进行 E2 地震作用下的抗震设计和验算。但宜同时对相应的非减隔震桥梁进行抗震分析，检验是否适合采用减隔震设计及减隔震效果。需要注意的是，对于摩擦类减隔震支座或组合型减隔震支座，有时可进行 E1 地震动控制设计，因此，需要分别计算 E1、E2 地震动作用效应。同时，应检验设计地震和罕遇地震作用下，桥梁各构件及防落梁系统的工作机制是否符合预期。

桥梁减隔震设计的总体建模应符合以下原则：

（1）合理模拟减隔震装置的恢复力模型。

（2）计算减隔震桥梁地震作用效应时，宜取全桥模型进行分析，并考虑伸缩装置、桩土相互作用等因素。应检查限位装置、防落梁构造、高差限制构造等抗震构造措施的设计是否与计算假定相一致，不相符时应调整计算模型或抗震构造措施。

（3）一般情况下，减隔震桥梁抗震分析宜采用非线性动力时程分析方法。

应对减隔震装置在正常使用条件下的性能进行验算。E2 地震作用下,减隔震装置进入弹塑性工作状态,桥梁结构其他部件基本在弹性范围内,相关构件验算内容及方法见现行规范。其中,减隔震装置验算内容如下:

① 橡胶类减隔震装置:在 E1 地震作用下产生的剪切应变应小于 100%,在 E2 地震作用下产生的剪切应变应小于 250%,并验算其稳定性。

② 非橡胶类减隔震装置:应根据具体的产品指标进行验算。

3.3.2 地震的影响

桥梁抗震设计中,必须考虑以下地震影响:构造物的重量而导致的惯性力(以下称"惯性力")、地震时的土压力、地震时的动力水压、地基的液状化和流动化、地震时的地基位移。

桥梁抗震设计时,必须根据各种设计条件,从中选择必须考虑的地震影响。在进行支座等墩梁连接构件抗震验算时,还应计入 50% 的均匀温度作用效应。

构造物的重量中必须同时考虑附属结构等的重量。同时,和构造物一起振动,并对构造物产生很大影响的土体部分的影响应作为惯性力考虑。为了防止落梁,应考虑地震时的地基位移,设计梁端搭接长度时应计入该项地基位移。伴随着地表地震断层的出现而产生的断层位移是地基位移的因素之一。关于地表地震断层的出现,还没有确立其位置和位移量的预测方法。

由于地震发生概率很小,持续时间也很短,汽车荷载是因为时间、空间的变动而变动的,汽车满载和地震同时发生的概率极小。与此同时,即使假设地震时车辆在桥面上,车辆也有抑制桥梁振动的效果。动力时程分析表明,车辆对桥梁的地震反应带来的影响并不显著,在进行减隔震设计时可不考虑汽车荷载。

3.3.3 减隔震设计流程

桥梁减隔震设计基本内容如下,流程图如图 3-12 所示。

(1)工程概况。工程总体情况、地质、道路等级、桥梁、基础等信息,桥梁抗震类别等。

(2)设计依据。设计规范、勘察报告。

(3)抗震设防相关内容。抗震设防水准、抗震性能目标、水平向地震动参数、竖向地震等。

3 桥梁减隔震设计方法

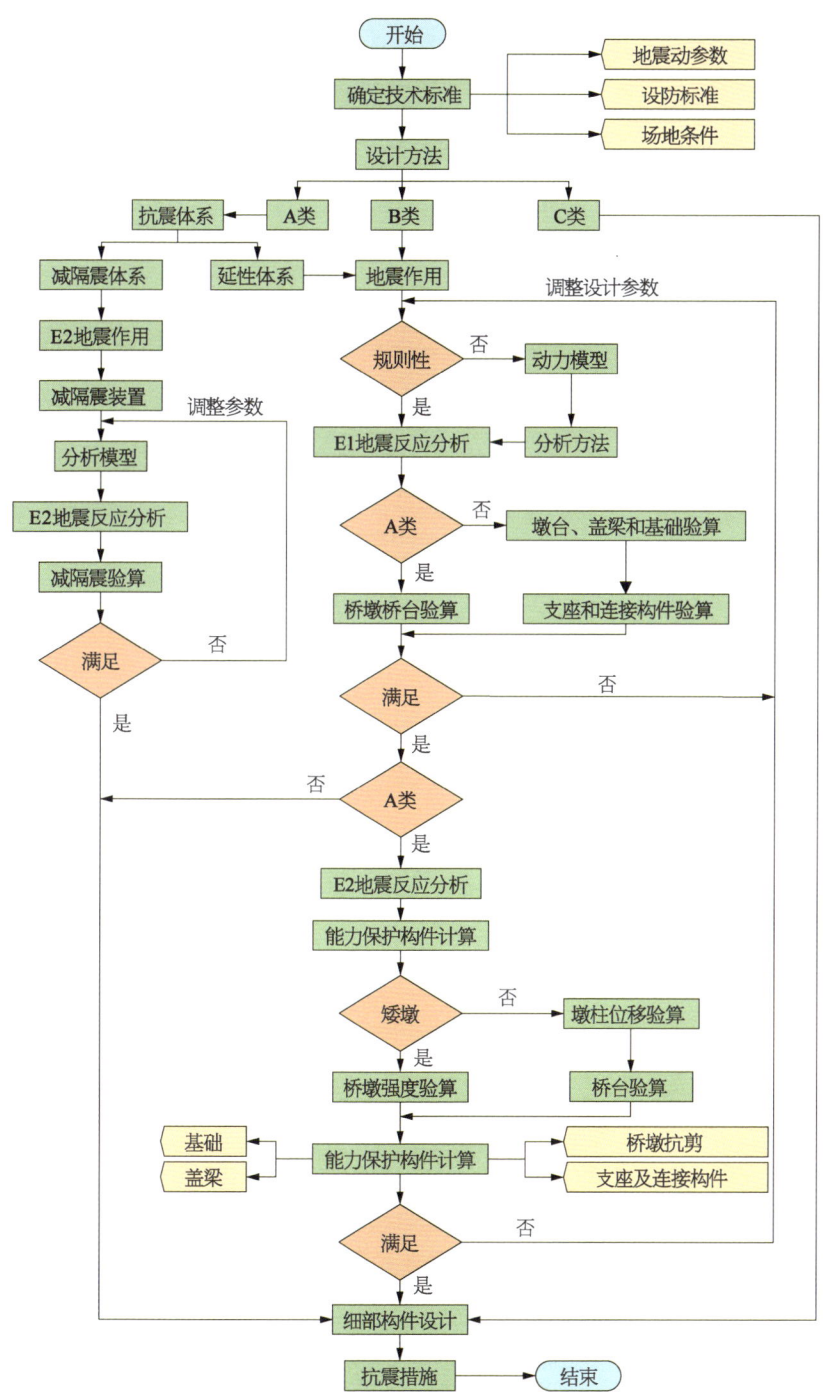

图 3-12 桥梁减隔震设计流程图

(4)计算模型及动力特性。减隔震装置类型选取和模拟。

(5)E2设防水准下的反应谱分析或时程分析。桥墩、桩基、系梁和盖梁内力,减隔震装置位移和力等。

(6)E2设防水准下的强度和变形验算。桥墩强度验算、桩基强度验算、系梁强度验算、减隔震装置位移和力验算等。

(7)延性构造细节和抗震构造措施。延性构造细节设计,限位装置、防落梁构造、防高差装置、梁端搭接长度等防落梁系统的设计。

(8)结论。给出减隔震装置类型和型号等信息。

有关减隔震设计验算方法、验算标准可参照现行桥梁抗震设计规范。

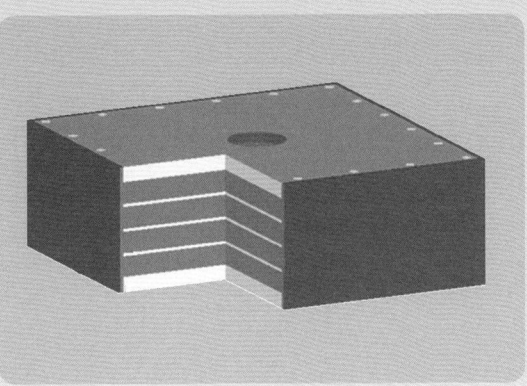

4

桥梁减隔震装置

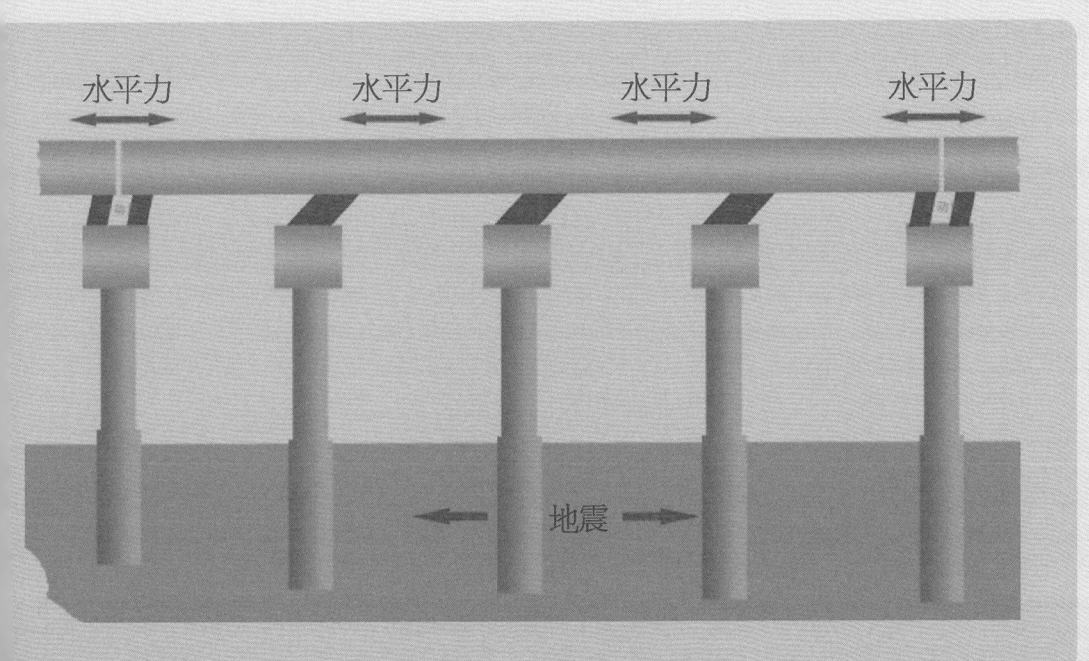

4.1 桥梁减隔震装置概述

常用桥梁减隔震装置包括橡胶类减隔震支座、滑动摩擦类减隔震支座、阻尼器、防屈曲支撑装置等，减隔震装置的类型及型号选取，应考虑使用环境、支座承载力、位移需求等方面。从减隔震机理可知，引入柔性装置能降低结构的地震响应。但只有同时具有良好的耗能特性，结构的位移才能得到合理的控制。减隔震设计的过程也是力和位移合理控制的过程。为有效实现减隔震设计的抗震设防目标，减隔震装置应具有以下特性：

（1）传力途径明确，具有较大的竖向刚度，可承受结构传来的竖向作用（包括结构自重等永久作用，汽车荷载、风荷载、温度作用等可变作用），并应具有一定的水平初始刚度，使得桥梁在风荷载、制动力等作用下不发生有害振动，满足结构正常使用状态要求。

（2）在各种环境条件如温度、蠕变等的影响下，减隔震装置应保持稳定的力学性能。当温度变化引起上部结构缓慢伸缩变形时，减隔震装置产生的抗力应比较低。

（3）地震作用下，减隔震装置能够提供较小的水平刚度，实现延长结构基本周期、避开地震动卓越周期的目的，从而获得有效的减隔震效果。在地震反复作用下，减隔震装置具有稳定的动力特性。

（4）减隔震装置应当具备良好的能量耗散机制，以减小地震中产生的过大水平变形，从而保证结构的相对变形控制在一定范围之内，避免在地震作用下，由于变形过大引起的减隔震装置和连接构件的破坏。

（5）减隔震装置应具有较好的自复位能力和韧性，使得设计地震发生后，桥梁结构能够基本恢复到原来位置，避免震后结构有大的残余变形，满足抢险救灾的需求。现行桥梁抗震设计规范均对减隔震装置从 50% 的设计位移增加到设计位移时的恢复力增量进行了规定。

部分减隔震装置相关标准见表 4-1。

世界范围内已有不少减隔震结构经受过大地震的考验。根据记录，结构的实际响应与设计计算响应存在或多或少的差异。然而也有减隔震失效的案例，如 1999 年，土耳其 Ducze 大地震（7.2 级）中，Bolu 高架桥 1 号线遭到了严重的地震破坏，因为结构实际位移显著超过减隔震支座（金属耗能支座）的位

表 4-1　部分减隔震装置标准

序号	标　准　名　称
1	《橡胶支座 第1部分：隔震橡胶支座试验方法》(GB/T 20688.1—2007)
2	《橡胶支座 第2部分：桥梁隔震橡胶支座》(GB 20688.2—2006)
3	《公路桥梁铅芯隔震橡胶支座》(JT/T 822—2011)
4	《公路桥梁高阻尼隔震橡胶支座》(JT/T 842—2012)
5	《公路桥梁弹塑性钢减震支座》(JT/T 843—2012)
6	《公路桥梁摩擦摆式隔震支座》(JT/T 852—2013)
7	《桥梁用黏滞流体阻尼器》(JT/T 926—2014)
8	《公路桥梁双曲面球形隔震支座》(JT/T 927—2014)
9	《公路桥梁超高阻尼隔震橡胶支座》(JT/T 928—2014)
10	《桥梁减隔震装置通用技术条件》(JT/T 1062—2016)

移极限而失效。1993年，日本Kushiro-Oki地震(7.8级)中，由于低温条件下支座硬化，导致桥墩破坏。

4.2　橡胶类减隔震支座

4.2.1　板式橡胶支座

板式橡胶支座是橡胶类减隔震支座的原型，严格来说，不属于减隔震支座。板式橡胶支座是由多层薄钢板与多层橡胶片硫化黏合而成的一种普通橡胶支座产品。支座上下面均直接硫化有橡胶层，使用时梁体仅仅放置在支座面上(见图4-1)。板式橡胶支座具有构造简单、加工制造容易、用钢量少、成本低廉、安装方便等优点。

板式橡胶支座是公路中小型桥梁中比较常用的产品，分为普通板式橡胶支座、四氟板式橡胶支座。根据支座形状分为矩形板式橡胶支座和圆形板式橡胶支座，需满足行业标准《公路桥梁板式橡胶支座》(JT/T4)要求。其最大承载能力一般不超过5 000 kN，适用于位移量较小的中小跨径桥梁，如预制空心板梁桥、预制小箱梁桥、预制T梁桥、小跨径现浇连续梁桥等。不同的平面形状适用于不同的桥跨结构。正交桥梁采用矩形支座，曲线桥、斜交桥及圆柱

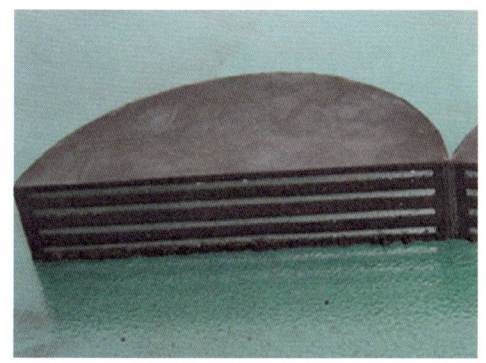 

图 4‑1 普通板式橡胶支座结构

墩桥宜采用圆形支座。抗震分析时,板式橡胶支座可采用线性弹簧单元模拟,其力学参数计算方法如下:

板式橡胶支座剪切刚度 k(kN/m):

$$k = \frac{G_d A_r}{\sum t}$$

式中 G_d——板式橡胶支座的动剪切模量(kN/m²),一般取 1 200 kN/m²;

A_r——橡胶支座的剪切面积(m²);

$\sum t$——橡胶层的总厚度(m)。

板式橡胶支座在早期桥梁建设中被大量采用。受限于结构与性能特点,存在如下问题:

(1) 只能满足较小剪切位移,不能适应温度、地震及其他水平力作用下的较大剪切位移要求,支座易发生撕裂。

(2) 支座未与主梁及桥墩进行有效连接,在较大水平力作用下易导致滑移或失效,主梁位移进一步增大,产生不可恢复的变形,易发生落梁。

(3) 橡胶保护层较薄,在严寒、高温、暴晒等长期恶劣环境下容易破坏,耐久性较差。

(4) 支座本身不具备耗能能力,复位能力低,应配置相应的防落梁系统。

需要指出的是,由于板式橡胶支座准入门槛低,生产企业多,引发恶性竞争,产品质量参差不齐,危及工程安全。一些项目上的支座没过多久,便发生产品侧面开裂的质量事故。

板式橡胶支座安装及运维注意事项如下：

(1) 矩形支座短边应与顺桥向平行安置，以利于梁端转动。

(2) 圆形支座各向同性，安装时无须考虑方向性，只需将支座圆心与设计位置中心点重合。

(3) 使用普通板式橡胶支座的梁一般有固定端与活动端之分。当梁的两端都使用普通板式橡胶支座时，上部结构的水平位移可由两端支座的剪切变形共同承担。

(4) 板式橡胶支座安装以春秋季节(年平均气温时)最佳。若不能在年平均气温时安装，在选用板式橡胶支座时可适当增加高度。

(5) 正常使用期间内，要定期对板式橡胶支座进行维护和养护，以延长支座寿命。如发现支座橡胶开裂、外鼓或出现压溃现象，需及时更换，以保证桥梁结构的正常安全使用。

4.2.2 水平力分散型橡胶支座

水平力分散型橡胶支座与普通板式橡胶支座结构非常相似，都是用橡胶与钢板叠层硫化黏结制作而成。但此类支座上下面硫化有厚钢板，以便于通过地脚螺栓或焊接等方式与梁体及桥墩可靠连接(见图4-2)。

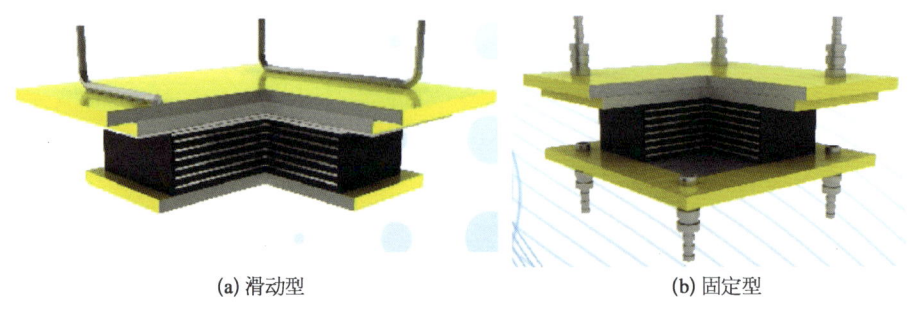

(a) 滑动型　　　　　　　　(b) 固定型

图4-2　水平力分散型橡胶支座

水平力分散型橡胶支座基于"水平力分散"的理念研制而成，也即将原来采用固定支座、滑动支座的约束体系替换成采用全柔性支座的约束体系，使得原集中于固定墩位的水平力分散于各个墩位(见图4-3)。

水平力分散型橡胶支座具有以下特点：

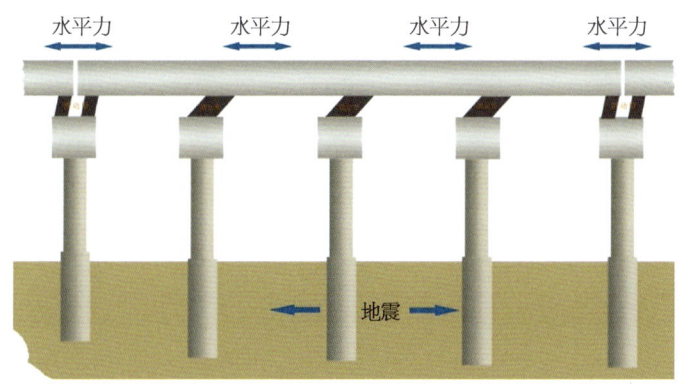

图 4-3 地震力分散示意图

(1) 具有良好的适应梁体自由伸缩和转动变位的能力。

(2) 能满足温度变化、地震等作用下的较大剪切位移要求,支座整体性好。

(3) 支座与墩、梁之间有效连接,各墩协同受力,尤其对于曲线梁桥,水平力分散效果好。

(4) 恢复能力强,大位移剪切变形后几乎无残余变形,且力学特性变化小。

(5) 材料蠕变性能良好,性能稳定。

(6) 支座表面覆盖较厚的橡胶层,可保护内部橡胶不受臭氧、紫外线等的影响,具有更好的耐老化性能,安装、养护、维修、更换方便。

水平力分散型橡胶支座解决了普通板式橡胶支座剪切位移小、易导致地震落梁等问题,适用于7度(0.10g)及以下地震烈度区的桥梁工程。该类支座在水平向具有弹性性能,但阻尼比只有5%左右,不具备显著的阻尼性能。地震时,可达到延长结构振动周期、将地震力分散到各个桥墩、避免地震力集中的目的。其典型滞回曲线呈狭长形(见图4-4)。在桥梁动力分析中,其恢复力模型基本上为线弹性模型,不考虑其阻尼性能。在高烈度地震区使用时,为控制梁体位移,一般还需要额外设置阻尼装置。

水平力分散型橡胶支座设计承载力范围在700~10 000 kN,适用于位移量较大的大中跨径桥梁,尤其适用于连续梁桥及曲线梁桥设计,可实现水平力在各个墩位之间的有效分散。其安装及运维注意事项与板式橡胶支座类似。

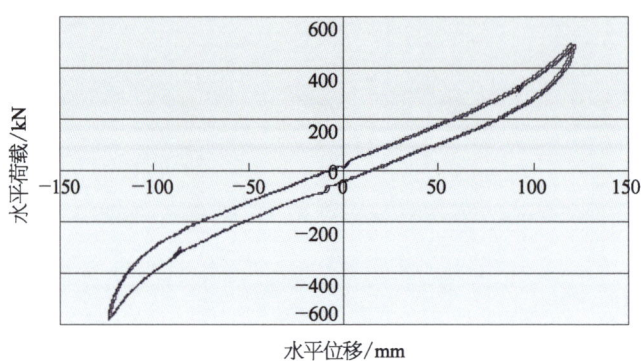

图4-4 水平力分散型橡胶支座(NRB)的典型滞回曲线

4.2.3 铅芯橡胶支座

铅芯橡胶支座(LRB)是在叠层橡胶支座的基础上发展而来,主要由铅、钢板和橡胶组成,支座上下面各有一块连接钢板(见图4-5),可将支座本体与桥梁梁体及桥墩相连接。生产工艺通常是在制造完成天然橡胶隔震支座后,将计算好体积的铅芯压入天然橡胶隔震支座的预留孔内制作而成,可分为单铅芯橡胶支座、多铅芯橡胶支座两种。铅一般具有较高的初始屈服刚度和较低的屈后刚度,耗能性能较好。可以通过改变铅芯的体积获得不同的支座初始屈服力和屈服刚度,有效地克服了普通叠层橡胶支座初始刚度较低的缺陷,显著增加支座的耗能能力。另外,铅芯提高了支座的早期刚度,对于控制风反应和抵抗地基的微振动有利。

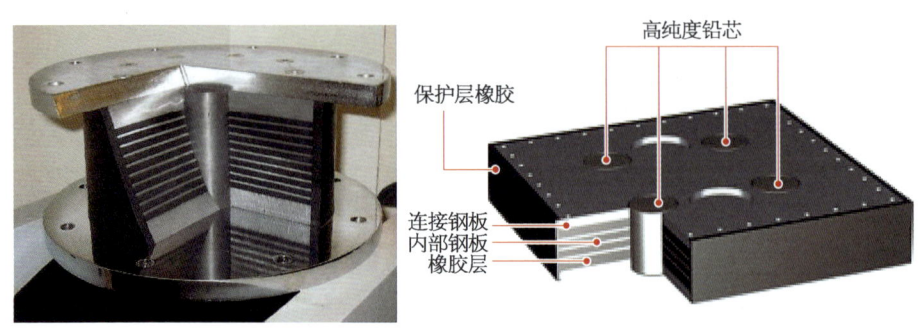

图4-5 铅芯橡胶支座

铅芯橡胶支座具有较高的承载力、较大的阻尼、大水平位移能力和复位功能。实验表明,在一个很大的频率范围包括典型地震频率在内,铅芯橡胶支座对应变率的依赖性很小,其力学叠加原理如图4-6所示。在减隔震桥梁动力分析中,其恢复力模型采用双折线非线性模型(见图4-7)。

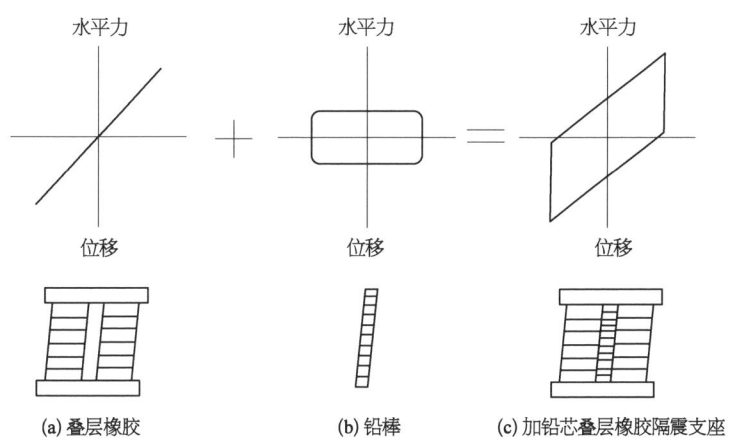

(a) 叠层橡胶　　(b) 铅棒　　(c) 加铅芯叠层橡胶隔震支座

图 4-6　铅芯橡胶支座的力学叠加原理

铅芯橡胶支座减隔震性能良好,最高承载力约 15 500 kN,在国内外高烈度地震区的大、中、小跨径桥梁减隔震设计中得到广泛应用。

但在铅芯橡胶支座的工程应用中,目前的设计指标和参数往往参考建筑结构的相关规范。而实际桥梁工程的应用环境比建筑结构严酷,桥梁结构中的铅芯橡胶支座往往处于十分恶劣的自然环境中,如高温、低温、大的温差变化、恶劣大气腐蚀环境、雨水侵蚀及长期反复蠕变变形、冲击振动等。因此,其存在的易疲劳、承载能力有限、耐久性不佳等不足无法满足当今桥梁大跨度、重载荷、长寿命的要求,尤其要关注以下问题:

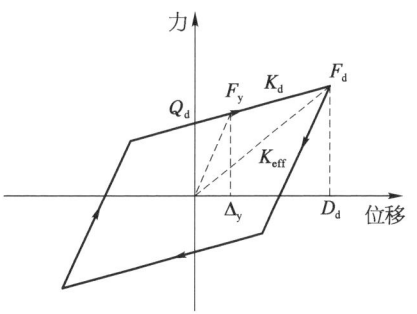

D_d—减隔震支座的水平设计位移(m);Δ_y—减隔震支座的屈服位移(m);Q_d—减隔震支座的特征强度(kN),即滞回曲线正向与剪力轴交叉值;K_{eff}—减隔震支座的等效刚度(kN/m);K_d—减隔震支座的屈后刚度(kN/m)

图 4-7　铅芯橡胶支座的恢复力模型

(1) 橡胶低温硬化问题。实验研究表明,其使用的橡胶在低温下存在着迅速硬化的现象。随着温度的降低,支座水平刚度会增大,减隔震桥梁所受的地震力也会增大,且地震力反应相对支座刚度增加还可能有放大效应。而我国幅员辽阔,气候差异非常大,温度从 0℃ 到 40℃,低温硬化现象限制了铅芯橡胶支座的应用。

(2) 铅芯疲劳问题。大量研究表明,在温度和交通荷载低周疲劳作用下,支座中的铅芯将产生疲劳剪切破坏,使支座的阻尼性能大幅度降低。

(3) 污染问题。铅芯橡胶支座在生产过程中,铅对环境造成污染。在使用过程中,橡胶开裂、铅芯外露等,也会对环境造成污染,同时其使用功能受到很大影响。特别在既是强地震区,又是自然环境保护区的西藏、云南等地,铅对生态环境造成的污染将是无法弥补的。

(4) 适应性问题。虽然铅芯支座结合了叠层橡胶支座和铅阻尼器的特点,在地震激励下具有较小的水平刚度和较大的阻尼特性,但是相当数量的应用实例表明,低频特性的小振幅地震激励可能会使铅芯支座体系的地震反应放大。对墩柱较柔的桥梁,其减隔震效果也不是很好。

正常使用期间,应定期对铅芯橡胶支座进行维护和养护,以延长支座的寿命。如发现橡胶开裂、外鼓或出现压溃现象,需及时更换支座。

4.2.4 高阻尼橡胶支座

橡胶为高弹性体,当受到应力作用时,就会产生应变,这一过程为一椭圆形滞后曲线,而面积等于各个振动周期转变成热量的动能,通常称为阻尼。这一过程的本质是橡胶材料受外力作用时,大分子链段产生相对运动,将机械能转变为热能的过程,滞后曲线如图 4-8 所示。曲线内部的面积 S 为损耗能量,表征橡胶材料的阻尼性能。即 S 越大,橡胶材料的阻尼性能越好;S 越小,橡胶材料的阻尼性能越差。高阻尼橡胶就是面积 S 较大的橡胶,(超)高阻尼橡胶支座就是利用高阻尼橡胶的这种特性制作而成。

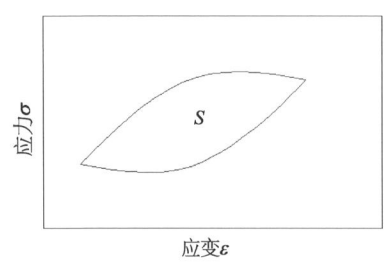

图 4-8　橡胶的应力-应变图

(超)高阻尼橡胶支座构造形式(见图 4-9)与水平力分散型橡胶支座相同。它利用高阻尼橡胶的黏弹性,在振动过程中,将动能转化为热能,从而达到降低振幅的目的。(超)高阻尼橡胶支座是将高阻尼橡胶材料经过延压、剪裁后,再与内部加劲薄钢板相互叠层硫化粘贴而制成。支座通过上下连接钢板实现与墩、梁的有效连接。内部加劲钢板可提高支座的竖向刚度；钢板间的高阻尼橡胶赋予支座吸收能量、弹性复位和承载能力。高阻尼橡胶支座在减隔震系统中独立使用，同时兼有隔震装置和阻尼器的作用，其恢复力模型与铅芯橡胶减隔震支座类似。

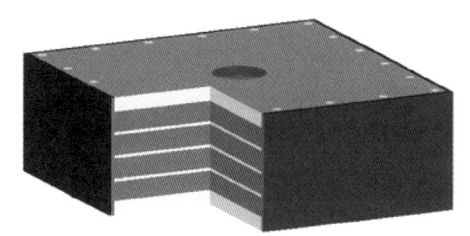

图 4-9 (超)高阻尼橡胶支座本体结构示意

超高阻尼橡胶支座比高阻尼橡胶支座的阻尼比更高，耗能能力更强，与铅芯橡胶支座更接近，从而对铅芯橡胶支座的替代性也更强，但其生产工艺及技术要求也更高。

在交通运输部行业标准《公路桥梁高阻尼隔震橡胶支座》《桥梁超高阻尼隔震橡胶支座》中，均对支座温度相关性做了要求。其中，高阻尼橡胶支座相关标准中规定，在－25℃温度下，支座水平等效刚度及等效阻尼比相对23℃情况下，变化率在－20%～＋80%；超高阻尼支座相关标准中规定，在－25℃温度下，支座水平等效刚度及等效阻尼比相对23℃情况下，变化率在－20%～＋45%。使用时，一定要关注其低温性能，以免引起灾难性后果。

高阻尼隔震橡胶支座承载力为500～15 000 kN，适用于9度及以下地震烈度区的各类桥梁。具体安装方法有重力灌浆法、压力灌浆法、预装钢板法等。使用过程中，应针对支座防腐、锚固件连接固定状况、支座位移及转角等项目进行定期检查。

4.3 滑动摩擦类减隔震支座

滑动摩擦类减隔震支座主要利用库伦摩擦力提供支座阻尼，耗散地震能量。这类支座主要有摩擦摆式支座和拉索减震支座。

4.3.1 摩擦摆式支座

摩擦摆式支座是将滑动支座和钟摆的概念相结合形成的一种新的减隔震装置，结构主体包括支座顶板、中间滑块、支座底板（见图4-10）。中间滑块可以是一个单块（单摆），也可以是两块或多块叠层组成（双摆或多摆）。中间滑块上下面均是球凸面(指单摆,多摆是指叠层组合后的上面及下面),而顶板、底板与中间滑块接触的面均是球凹面,中间滑块可以与顶板及底板发生相对滑移、转动。因此,支座可实现在任何方向滑动。其尺寸主要由最大设计位移控制。支座顶板相对滑块滑移与转动,底板只能相对滑块转动,称为双曲面球型支座,工作原理与摩擦摆式支座类似。

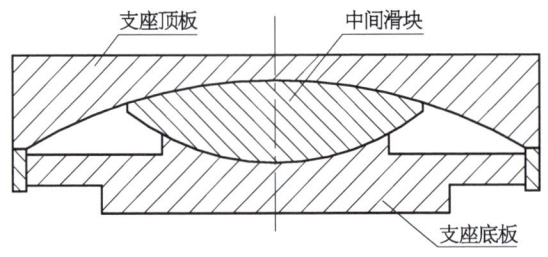

图 4‑10　摩擦摆式支座(双曲面球型支座)结构示意

使用摩擦摆式支座对桥梁进行隔震,一般是将桥梁自振周期延长至 3 s、4 s 或更长,可大大降低桥梁结构地震响应。摩擦摆式支座的恢复力模型如图 4‑11 所示。

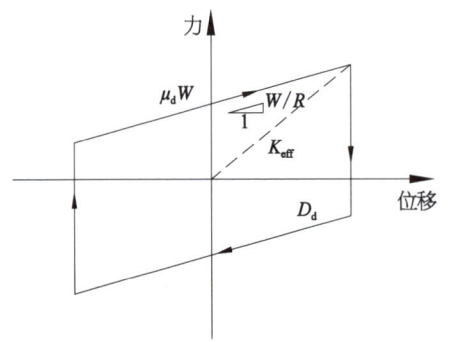

W—恒载作用下支座竖向反力(kN);R—支座滑动曲面的曲率半径(m);D_d—支座设计水平位移(m);μ_d—支座滑动摩擦系数

图 4‑11　摩擦摆式支座恢复力模型　　图 4‑12　常用摩擦摆式支座

摩擦摆式支座单位承载能力强,在大吨位制造上具优势,其竖向承载力一般为 1 000～60 000 kN,适用于 9 度及以下地震烈度区的桥梁减隔震设计。常用摩擦摆式支座如图 4‑12 所示。

需要注意的是，摩擦摆式支座（单摆）的中间滑块上下面均为曲面，当梁体热胀冷缩时或其他原因产生位移而引起支座发生滑移时，会抬高梁体，对结构不利。因此，设计时需要考虑滑块曲面高度。一些摩擦摆式支座产品直接增加了水平摩擦面，以解决梁体抬高的问题。但此类支座的本构关系不明确，应进一步明晰平面滑动和曲面滑动的转换衔接，明确动力本构关系。另外，需注意检算震后支座的位移恢复能力。

摩擦摆式支座的安装方式与前述带上下钢板的支座类似，养护注意事项如下：

（1）支座使用期间每年定期进行一次检查及养护。

（2）检查支座地脚螺栓有无剪断，支座橡胶密封圈有无龟裂、老化。

（3）检查支座相对位移是否均匀，逐个记录支座位移量。

（4）清除支座附近的杂物及灰尘，并用棉丝仔细擦净不锈钢表面的灰尘。

（5）松动地脚螺母一次，清洗上油以免螺母锈死，然后紧固。

（6）校核并定点检查支座高度变化，以便校核支座内聚四氟乙烯板的磨耗情况。当支座变化高度超过 3 mm 时，应拆除橡胶密封圈，检查聚四氟乙烯板的情况。

（7）定期对支座钢件涂刷油漆，进行防锈处理，不锈钢滑动面除外。

4.3.2　拉索减震支座

拉索减震支座是组合型创新支座，限位拉索及其衍生装置在桥梁抗震设计中有着广泛的应用。滑动摩擦支座虽然有非常显著的隔震、减震效果，但在很多情况下，会增大结构的位移需求，桥梁面临落梁风险。拉索减震支座具有滑动摩擦减隔震支座特点，同时兼有拉索良好的限位能力，是一种带限位功能的减隔震支座。拉索减震支座在工作时主要分为摩擦阶段与限位阶段两种工作状态。拉索具有一定的松弛度，允许支座的上下座板发生相对滑动，这一自由滑动的位移量程一般称为自由程。摩擦类支座一般设置固定或单向支座，以满足正常使用要求。地震作用下，固定或单向支座的抗剪销钉剪断，支座发生滑动，延长结构周期，充分利用支座摩擦耗能，减小结构地震响应，同时利用限位拉索更好地限制结构的位移。地震作用下，地震力与地震位移往往相互背离，减隔震设计应合理平衡地震力与地震位移的关系。这也是拉索减震支座的基本原理。限位拉索一般采用钢丝绳、钢绞线等高强材料制成，具有柔性特点。因此,拉索减震支座的限位方向是多向性的,使得支座对地震作用方向的不确定性具有良好的适应能力。拉索减震支座工程应用实例如图 4-13 所示。

图 4-13 拉索减震支座工程应用实例

拉索减震支座的恢复力模型可由摩擦支座和拉索的恢复力曲线组合而成,如图 4-14 所示。

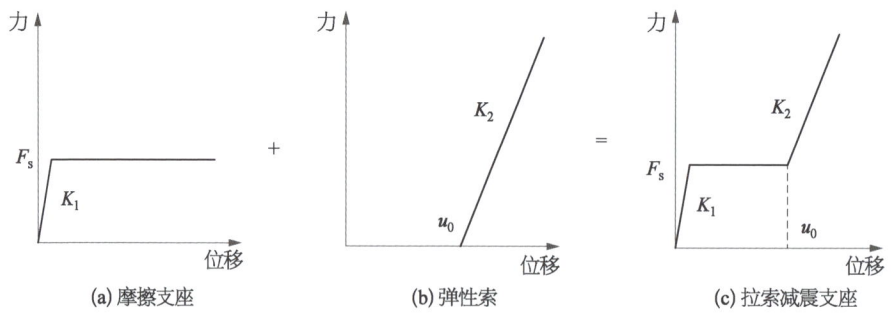

(a) 摩擦支座　　　　　(b) 弹性索　　　　　(c) 拉索减震支座

图 4-14 拉索减震支座本构

图 4-14 中,K_1 为盆式支座的初始刚度;F_s 为临界摩擦力,$F_s = \mu N$,μ 为滑动摩擦系数,N 为竖向压力;K_2 为拉索刚度;u_0 为弹性拉索的松弛度。其中,u_0 值代表了拉索减震支座的自由行程,当支座位移小于 u_0 值时,拉索不发挥限位作用。抗震设计中可根据下部结构抗震能力确定不同的 u_0 值。

采用数值模拟拉索减震支座的滞回曲线与试验结果的对比如图 4-15 所示。

根据拉索减震支座的原理,当墩柱等下部结构抗力较小时,可以选择大的自由行程,以避免过大的地震内力;当墩柱等下部结构抗力较大时,可以选择小的自由行程,以控制地震位移,实现根据结构特点的适应性设计。对于长联

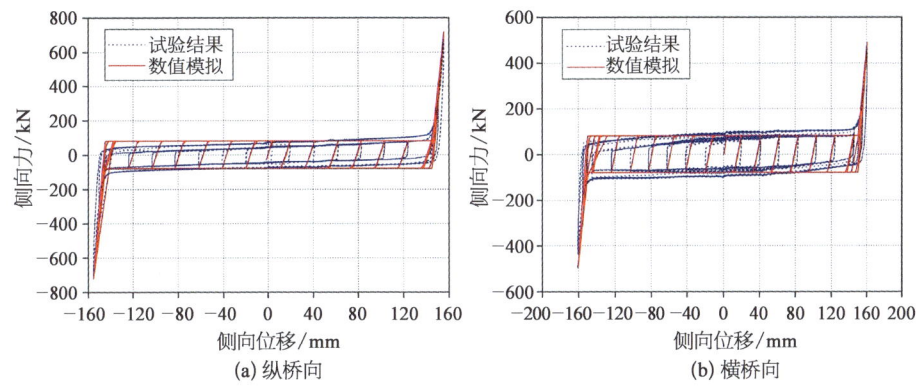

图 4-15 数值模拟滞回曲线与试验结果对比

大跨桥梁,由于温度等作用下,梁体伸缩位移量较大,拉索减震支座采用的平面摩擦体系,避免了因支座水平位移而导致的不利抬梁效应,如杭州九堡大桥(多孔组合体系拱桥)、南昌朝阳大桥(六塔斜拉桥)中拉索减震支座的应用。

另外,对于平面摩擦体系的减隔震支座,保证支座位移能力的同时,提高减隔震支座的复位能力是桥梁抗震韧性、城市韧性的发展需求,也是一个技术难点。当前,在传统拉索减震支座的基础上,具备三向复位与限位能力的拉索减震支座得到了发展与应用。

4.4 阻尼器

阻尼器是一种以减震为主的能量耗散装置,其发挥作用的前提是要获得一定的相对位移或相对速度。在桥梁结构中,阻尼器通常作为分离型减隔震装置的一部分,安装在墩、梁或塔、梁之间。目前开发的阻尼器种类很多,包括金属钢阻尼器、铅阻尼器、摩擦阻尼器、黏弹性阻尼器和黏滞流体阻尼器等。其中,黏滞流体阻尼器的应用最为广泛,速度锁定装置作为黏滞流体阻尼器的衍生物,也常用于桥梁抗震设计。

1) 黏滞流体阻尼器

黏滞流体阻尼器及其附属装置是作为结构消能减震(振)体系的消能杆件或消能装置而运用于结构中,其核心部分是液压装置,包括连接件、导杆、活塞、阻尼孔、油缸、密封材料和阻尼材料(阻尼介质)等部分。其基本原理是,结构在地震(或风)力的作用下,与结构共同工作的黏滞流体阻尼器的导杆受力,推动活塞运动,活塞两边的高黏性阻尼介质产生压力差,使阻尼介质通过阻尼孔,从而产生阻尼力,达到消能减震(振)的目的。研究表明,黏滞流体阻尼器是一种无刚度、速度相关型的阻尼器,具有耗能能力强、受激励频率和环境温度影响较小、加工精度高、外形美观等特点,其阻尼力 F 与活塞运动速度 V 之间的关系可表示为:

$$F \propto V^{\alpha}$$

式中 α——常数,通常称为速度指数,因阻尼器的内部构造不同,其值通常在 0.1~1.0。

此外,阻尼力还与活塞面积、阻尼孔大小和长度、振动频率、温度、阻尼材料类别等因素有关。其典型滞回曲线如图 4-16 所示。

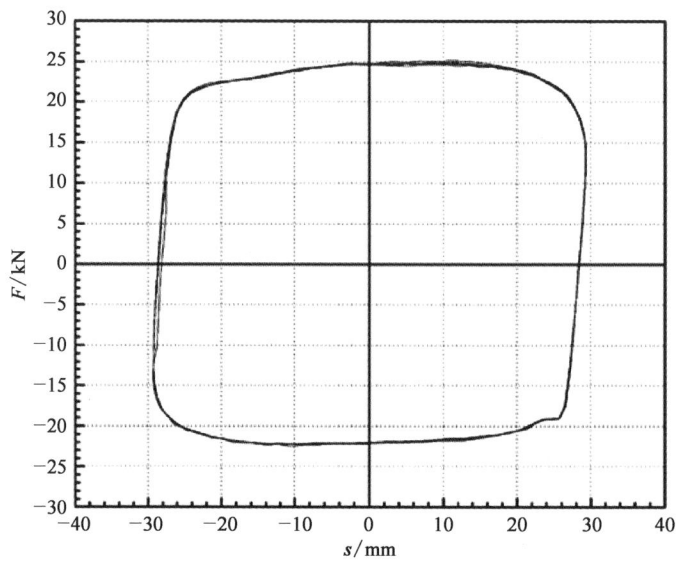

图 4-16 黏滞流体阻尼器典型滞回曲线

依据活塞杆构造不同可分为单出杆黏滞流体阻尼器和双出杆黏滞流体阻尼器两大类。依据活塞上耗能构件的构造不同,又可分为孔隙式、间隙式和混合式阻尼器三类。常用的双出杆黏滞流体阻尼器如图 4-17 所示。

黏滞流体阻尼器很早就开始应用于航天、军事、船舶、设备和管网的减震(振)中,后来应用到土木工程领域,取得了很好的减震(振)效果。

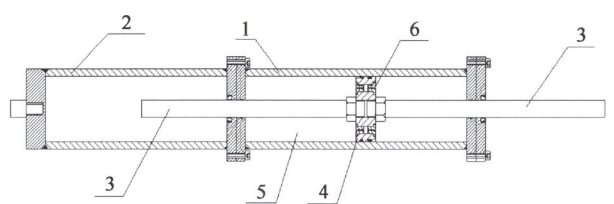

1—主缸；2—副缸；3—导杆；4—活塞；5—阻尼材料；6—阻尼孔

图 4-17 双出杆黏滞流体阻尼器

在桥梁抗震设计中，黏滞流体阻尼器一般需与隔震装置配合使用。桥墩处支座位移较大的情况，可采用阻尼器来控制位移，并适当改善其下部结构的受力。阻尼器与桥梁连接方式一般有与墩梁连接、与塔梁连接等，位置设置于活动墩，也可设置在隔震支座的固定墩，当固定支座剪切销被剪断变成活动支座后，阻尼器起作用。黏滞流体阻尼器的活动是直线运动，因此，其阻尼性能具有方向性，一般是沿纵桥向布置。但当桥面较宽，抗震需要考虑横桥向位移控制时，也可沿横桥向布置阻尼器（见图 4-18）。

图 4-18 黏滞流体阻尼器应用案例

黏滞流体阻尼器对生产企业的技术水平要求较高。实际应用中，不乏阻尼器漏油、产品失效等问题，应更多关注黏滞流体阻尼器的质量及耐久性，避免因低价竞争带来的质量隐患。

2）速度锁定装置

速度锁定装置是黏滞流体阻尼器的衍生物，其结构与黏滞流体阻尼器非常相似。速度锁定装置的锁定力和速度方程与阻尼装置类似,其力与活塞运动速度之间的关系均可用 $F \propto V^{\alpha}$ 来表示,但黏滞流体阻尼器速度指数小于1,而锁定装置的速度指数大于1,不耗能,允许在低速(温度作用)下随意运动,在高速(地震作用)下接近刚性。装置的锁定速度定义为输出额定锁定力时的传动速度,其值小于结构由于地震、风致振动等引起的振动速度,大于温度引起的位移速度,锁定速度一般在每秒毫米量级。

速度锁定装置连接(或者锁定)桥梁各部分(如多跨简支)。在地震或其他瞬间荷载情况下,锁定装置变成一个刚性连接,使梁体与桥墩形成一个整体,以一种预定的方式将工作荷载(如汽车制动)及极端荷载(如地震荷载)沿桥梁轴向传至基础。但是,锁定装置并不能耗散地震能量,也不能延长结构周期。在地震荷载下,锁定装置将桥梁结构连接成一个整体,地震力分配到各个桥墩。由于结构整体刚度变大,地震力总和可能增大。但由于参与分配地震力的桥墩增多,有利于充分发挥所有桥墩的抗震能力,有利于结构抗震。

4.5 屈曲约束支撑

屈曲约束支撑是一种新型钢结构支撑,也是一种耗能支撑,是典型的位移相关型能量耗散装置。屈曲约束支撑的中心是用低屈服点钢材制成的芯材,在轴向力作用下允许有较大的塑性变形,以达到耗能的目的。为避免芯材受压时整体屈曲,即在受拉和受压时都能达到屈服,芯材被置于一个钢套管内,并在套管内灌注有一定塑性的材料(如混凝土或环氧砂浆)。由于泊松效应,芯材在受压情况下会膨胀。同时,为减小或消除芯材受轴力时传递给砂浆或混凝土的力,在芯材和砂浆之间设一层无黏结材料或非常狭小的空气层(见图4-19),实现支撑受压时达到完全屈服。使支撑受压承载力与受拉承载力相当,克服了传统支撑受压屈曲的缺点,改善了支撑的承载能力,使支撑的滞回曲线饱满(见图4-20),提高了结构的抗震能力。

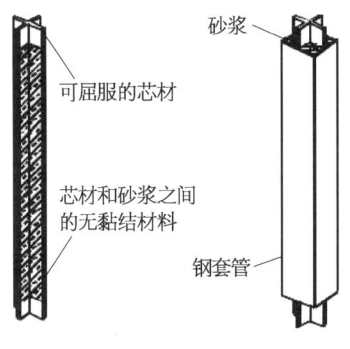

图4-19 屈曲约束支撑构件组成示意图

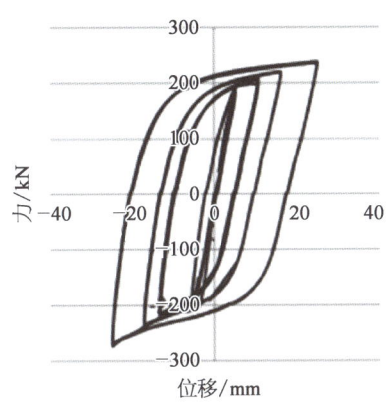

图 4-20 屈曲约束支撑典型滞回曲线

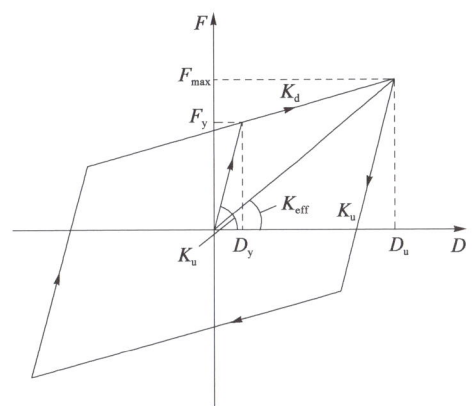

F_y—屈服力；D_y—屈服位移；
K_d—二次刚度；K_u—一次刚度（弹性刚度）

图 4-21 屈曲约束支撑双线性恢复力模型

屈曲约束支撑的双线性恢复力模型如图 4-21 所示。

屈曲约束支撑在建筑结构中使用较多。与黏滞流体阻尼器不同，屈曲约束支撑并不适宜安装在桥梁的膨胀缝或伸缩缝内，因为这种约束支撑通常没有足够的位移能力，并且阻止了温度变形。屈曲约束支撑可安装在桥梁的基础结构或刚构节点中，来增大基础结构的刚度、强度和能量耗散能力。

屈曲约束支撑在桥梁上应用的案例不多。在国内，2018 年建成通车的四川雅康高速大渡河桥，主桥长 1.1 km，为单跨钢桁梁悬索桥，采用钢混组合桥面板，主缆采用平行双吊索体系，吊索间距 10 m，跨中设中央扣。在悬索结构中设置 12 根 500 t 屈曲约束支撑（见图 4-22），以提高桥梁抗震能力。

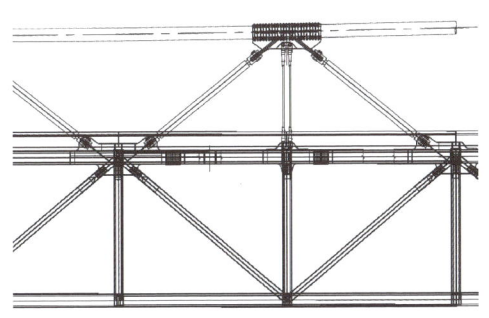

图 4-22 屈曲约束支撑典型应用场景

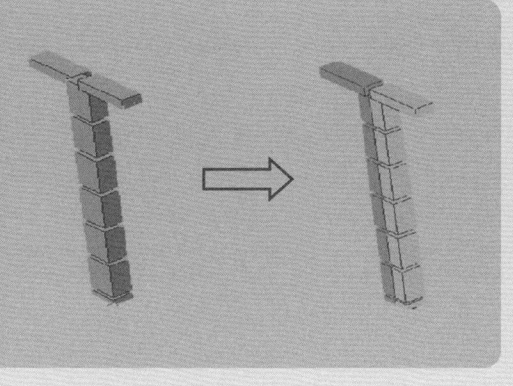
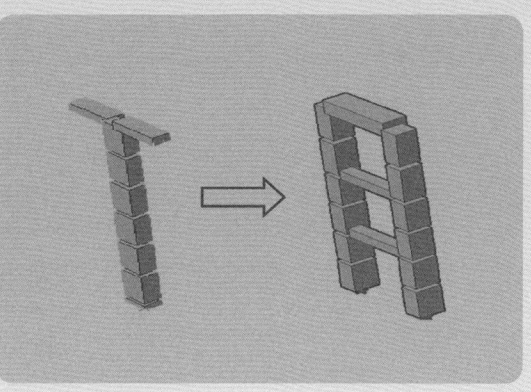

5
桥梁抗震概念设计

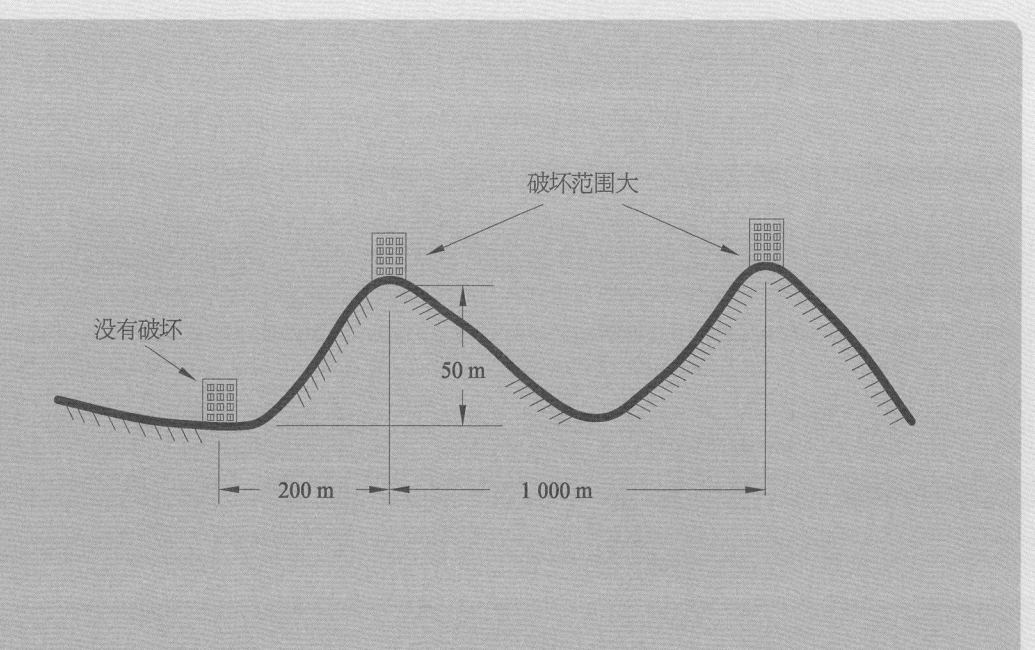

5 桥梁抗震概念设计

5.1 抗震概念设计概述

规范是设计的重要依据，美国是最早将抗震条款写入结构设计规范的国家之一。1906年旧金山大地震后，该地区的房屋设计即要求考虑地震作用。1940年，美国加利福尼亚州交通运输部（Caltrans）开始桥梁抗震设计规范的制定工作。20世纪70年代以来，技术人员在地震动输入、地震地质灾害、抗震分析方法、设计理念、构造措施等方面进行了大量研究，桥梁抗震设计取得较大进展。然而，由于地震动的不确定性和复杂性，以及结构计算假定与实际情况的差异，难以保证理论计算与实际情况完全吻合。近几十年，通过对历次大震桥梁震害统计与分析获取大量经验，逐渐提出"桥梁抗震概念设计"思想。

桥梁抗震概念设计的基本目标如下：根据地震灾害和工程实践中获得的基本设计原则与设计思想，基于场地地震动及地质条件等选择桥梁结构总体布局，对桥梁结构进行合理抗震选型，确定适当的抗震策略，从根本上提高桥梁结构的抗震能力。概念设计着眼于结构的总体布置、抗震设防体系，并注重细部构造，从结构总体上考虑抗震的工程决策，是定性的对结构进行抗震能力设计。一般来说，抗震概念设计工作是在可行性研究及初步设计等前期阶段完成。概念设计阶段并不需要投入太多的资金和人力，也不需要过于详细的计算，而要着重于思考和比较，可用少量文字和几张图表达设计意图。

与概念设计相对应的是"参数设计"。参数设计是定量的进行抗震能力设计与验证，主要是地震作用计算、构件强度验算、结构和支座变形验算等。概念设计与参数设计相辅相成，共同构成桥梁结构抗震设计。概念设计着重于总体方案与技术路线，是结构抗震设计的纲领与骨架。良好的概念设计能从根本上提高结构的抗震能力，避免结构抗震能力存在先天不足，避免参数设计中的复杂性、盲目性。参数设计着重于技术细节与抗震能力的定量分析与评价，是结构实现抗震设计概念的必要手段，是对概念设计的效果验证。抗震概念设计、参数设计的对比见表5-1。

欧美规范非常重视抗震概念设计，欧洲Eud Code 8桥梁抗震设计规范专门对抗震概念设计进行了具体规定。并指出，中低烈度地震区的桥梁也应加强抗震概念设计。我国第五代《中国地震动参数区划图》（GB 18306—2015）颁

表 5-1 抗震设计对比

分类	阶段	设计任务	特点
概念设计	工可阶段、初步设计阶段	对桥梁结构进行合理抗震选型,采用适当的抗震策略,从根本上提高桥梁结构的抗震性能	不需要投入太多的资金和人力,也不需要过于详细的计算,而要着重于思考和比较,并用少量文字和几张图表达设计意图
参数设计	施工图设计阶段	定量的进行抗震能力设计与验证,主要是地震作用计算、构件强度验算、结构和支座变形验算	着重于技术细节与抗震能力的定量分析与评价,是结构实现抗震设计概念的必要手段,是对概念设计的效果验证

布以后,在规范层面取消了无震区,我国全域桥梁在概念设计阶段考虑地震作用是必须且必要的。

大量结构抗震经验表明,在地震力控制结构设计的情况下,要通过设计得到满意的抗震结构,最重要的是在结构方案和初步设计阶段,从正常使用要求和结构抗震两方面综合考虑来选择合理的结构体系,才能得到经济、合理有效的结构。但从目前一些设计过程来看,常常是先基于正常使用要求选择结构形式,并进行正常使用阶段设计,抗震分析往往放在最后验算阶段。这样的过程很难得到一个既经济又合理有效的设计。

概念设计是工程设计的核心,也是整个工程设计阶段最重要和最困难的部分。概念设计体现了设计者对总体目标的洞察力,对设计任务的驾驭能力,以及在技术创新、工程思维和综合处理等方面的能力。一项设计任务的成败和优劣在很大程度上取决于其概念设计的品质。桥梁抗震概念设计能够从根本上提高结构的抗震能力,避免结构体系的"先天性不足",更为经济、有效地实现抗震设防目标。

鉴于上述原因,将概念设计专门作为一个章节,从抗震结构体系、概念设计原则、各桥型抗震概念设计要点等方面进行论述。

5.2 桥梁抗震结构体系

地震作用下,桥梁结构的受力特点与静力设计有较大不同。正常使用条件下,桥梁主要承受结构自重、汽车荷载、人群荷载、风荷载、温度作用等,以竖向作用为主。而在地震作用下,水平向的惯性力往往是主要作用力,控制着结构抗震体系的设计。主要作用力的不同导致桥梁抗震结构体系的划分有所不同。

根据结构外形及受力特点不同,桥梁主要分为梁式桥、拱桥、斜拉桥、悬索桥4种基本体系。在中小跨径桥梁建设中,梁式桥与拱桥应用最为广泛。斜拉桥、悬索桥主要用于大跨桥梁建设。

1) 梁式桥

在竖向荷载作用下,梁式桥支座基本不产生水平力。按照静力特性,梁式桥可分为简支梁、连续梁、连续刚构等。地震作用下,上部结构地震惯性力通过支座或墩梁固结点传递给下部结构,形成头重脚轻的传力模式,支座或墩梁固结点成为地震力传递的关键点,下部结构成为地震易损部位(见图5-1)。

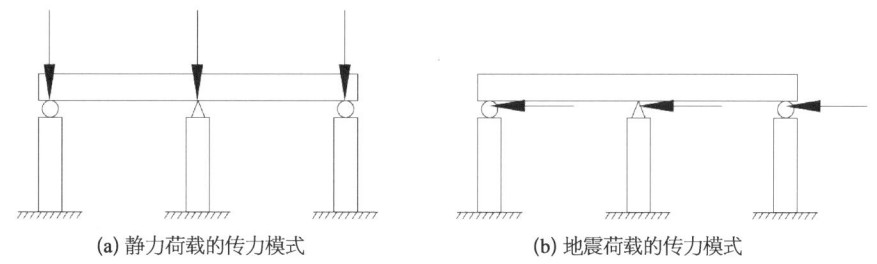

(a) 静力荷载的传力模式　　　　(b) 地震荷载的传力模式

图5-1　典型梁式桥

2) 拱桥

拱桥主要采用拱圈或拱肋作为承重结构。根据拱与桥面的相对位置关系,拱桥可分为上承式拱桥、中承式拱桥和下承式拱桥(见图5-2)。在竖向荷载作用下,拱的两端除有竖向反力外,还可能有水平推力。由于水平推力的作用,要求拱桥下部结构和地基应具有良好的水平抗推能力。拱桥设计中,也可将拱的水平推力由受拉系杆来承担。依据下部结构或基础是否承担水平推力,拱桥分为有推力拱与无推力拱两大类。有推力拱往往修建于基础条件较好的山区,可设计为上承式拱桥或中承式拱桥。有推力拱桥对拱脚位移非常敏感,当地基液化、断层错位等导致拱脚产生变位时,往往给桥梁造成严重的损伤,甚至导致整体倒塌。系杆拱作为无推力拱的典型代表,一般采用拱梁固结,上下部结构之间设置支座,对于软土地基场地具有良好的适用性。地震作用下,系杆拱上下部结构之间的传力特点更加类似于梁式桥,上部结构惯性力主要以水平力形式作用于下部结构,可认为是一种广义上的梁式体系。

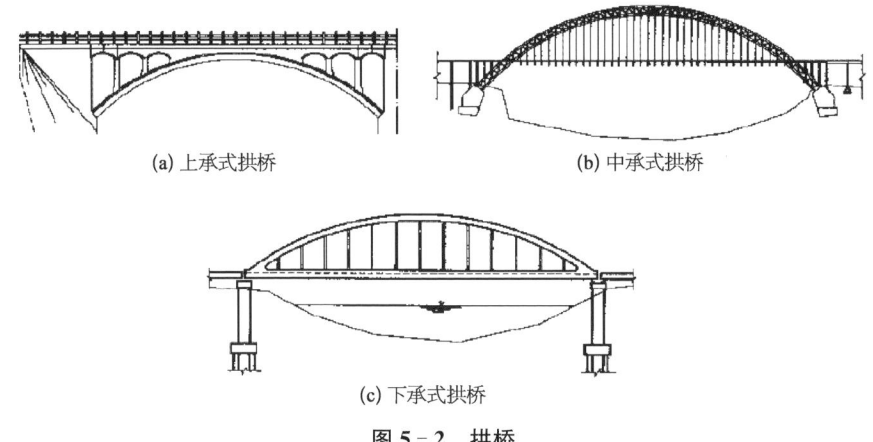

图5-2 拱桥

3) 斜拉桥

斜拉桥(见图5-3)主要包括飘浮体系、半飘浮体系、塔梁墩固结体系、塔梁固结塔墩分离体系(梁下设支座)四大类。对于飘浮体系、半飘浮体系,主梁地震惯性力通过斜拉索传递至主塔,再由主塔传递给下部结构,结构基本振型一般是主梁纵飘,结构周期较长,地震位移较大。当塔梁之间设置水平向柔性约束时,部分主梁惯性力通过塔梁连接传递给下部结构,往往可以有效地控制地震位移,并降低塔底弯矩响应。对于塔梁墩固结体系,结构刚度较大,下部结构受力较为不利,一般不宜用于高烈度区域。塔梁固结、塔墩分离体系常用于矮塔斜拉桥设计。相比一般意义上的斜拉桥,矮塔斜拉桥体系桥塔较矮,主梁较刚,主梁分担一定比例的恒载,斜拉索常被看成体外预应力,地震作用下结构响应类似于连续梁桥。讨论地震作用时,塔梁固结、塔墩分离的矮塔斜拉桥可认为是一种广义上的梁式体系。

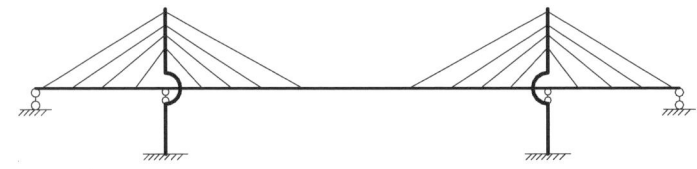

图5-3 斜拉桥示意图

4) 悬索桥

根据主缆锚固方式的不同,悬索桥可分为地锚式悬索桥、自锚式悬索桥两种(见图5-4)。绝大部分悬索桥,特别是大跨度悬索桥都是地锚式悬索桥,即主缆的拉力由桥梁端部的重力式锚碇或隧道式锚碇传递给地基。自锚式悬索桥主缆拉力的水平分力以轴压力的方式直接传递给加劲梁。因而,自锚式悬索桥的跨度不宜过大。对于跨径 200 m 以下的自锚式悬索桥,混凝土主梁具有一定的竞争力。自锚式悬索桥一般必须先架设加劲梁,然后再架设主缆,限制了其在特大跨径桥梁上的应用。自锚式悬索桥一般用于场地基础承载力较差的情况。地震中,自锚式悬索桥上部结构惯性力主要通过主缆及塔梁连接传递给下部结构,而地锚式悬索桥的部分上部结构惯性力将通过主缆传递给地锚。

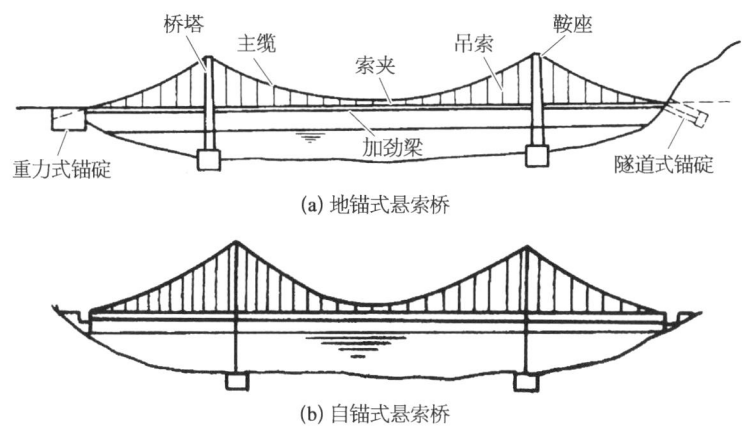

图 5-4 悬索桥示意图

震害调查可以发现,地震中桥梁的损伤破坏往往发生在支座、桥墩及桩基等下部结构中。地震惯性力在下部结构的传力模式直接决定结构抗震设计的关键部位。而上部结构更多以刚度与质量分配的方式影响着结构的地震响应,其内部的传力模式对结构的地震响应影响不大。因此,地震作用下,结构体系的划分与以往存在不同,无推力拱桥(主要指系杆拱)及塔梁固结、塔墩分离的矮塔斜拉桥划分为梁式体系,梁式体系包含更广泛,可以称为"广义上的梁式体系桥梁"。

地震作用下的结构体系划分见表 5-2。

表 5-2 两种不同的结构体系划分

结构体系	正常使用阶段	地震作用下
梁式体系	简支梁、连续梁、T形刚构、连续刚构	简支梁、连续梁、T形刚构、连续刚构、无推力拱桥、塔梁固结矮塔斜拉桥

续 表

结构体系	正常使用阶段	地震作用下
拱式体系	有推力拱、无推力拱	有推力拱
斜拉桥体系	普通斜拉桥(全飘浮体系、半飘浮体系、塔梁固结塔墩铰接)、矮塔斜拉桥	普通斜拉桥(全飘浮体系、半飘浮体系、塔梁固结塔墩铰接)
悬索桥体系	悬索桥	悬索桥

注:表中的无推力拱与矮塔斜拉桥均指上部结构采用支座支撑的相应桥型。

对于广义梁式体系桥梁,支座系统是上、下部结构之间传递地震力的关键构件,通过合理的设计,可以将地震变形与耗能集中在支座系统。减隔震支座在广义梁式体系桥梁中应用广泛。

应注意到,当减隔震装置采用的是铅芯橡胶支座、高阻尼橡胶支座、水平力分散型支座时,已改变了传统支座(如盆式橡胶支座、钢支座)提供的约束关系。与传统支座不同,不再是提供简单的"固定""可动"约束条件,而是弹性约束条件,这就使得结构的振动响应成为整体。同时给设计人员提供了一种比较自由的方式,来确定分配到下部结构各构件的水平力,以改善桥梁下部结构的总体受力。

5.3 抗震概念设计原则

桥梁的结构形式、桥跨布置等基本是由桥梁在交通运输需求、正常使用状况下的受力要求及施工方案等非地震因素确定,但存在一定的灵活性,为抗震概念设计提供较大空间。大量震害表明,在地震中毁坏、倒塌的桥梁,往往是由于结构的抗震体系缺乏合理性,缺乏必要的、经济有效的抗震设防措施。因而,设计者从基本抗震设防原则出发,从概念上把握总体设计决策,选择合理的结构体系,对确保结构的抗震性能至关重要。在桥梁新建过程中,如果抗震体系缺乏合理性,要实现抗震设防目标往往需要过大的经济代价。而通过概念设计,能从根本上提高结构的抗震能力,达到经济、有效的目的。

桥梁抗震概念设计就是在结构工可或初步设计阶段,借鉴过去的抗震经验,以及当前理论研究成果,在掌握各类桥梁结构动力响应特性的基础上,根据结构所在场地情况、地震动特性及结构正常使用条件等实际情况,提出适合该场地的合理的结构形式。同时，还应对选定的结构在不同水准地震作用下预期的抗震性能进行认真考虑，结合预期的性能目标，对结构进入非线性后的性能，从概念上应有清楚的认识和理解，并对发生非弹性行为的部位给予合理规划。从桥梁减隔震角度来看，概念设计阶段还应注意判别是否适合采用减隔震技术，以及减隔震装置的放置位置等。此外，对一些减隔震构造细节、构造措施等应给予仔细考虑，这些构造细节对确保达到预期减隔震效果十分关键。

遵循抗震设计原则是抗震概念设计最重要的内容，具体包括桥位选址原则、总体布置原则、减隔震优先策略、多道设防原则四个方面。

5.3.1 桥梁选址原则

道路选线受路线线型标准的制约，桥梁的布设总体上要服从路线的要求。桥位选择应在工程地质勘察和专项工程地质、水文地质调查的基础上，按地质构造的活动性、边坡稳定性和场地的地质条件等进行综合评价。应查明对桥梁抗震有利、一般、不利和危险的地段，充分利用对抗震有利地段。桥址场地选择时，应尽量使墩台基础建在坚硬的场地上，避开发震断层及其他不利地段和危险地段。地形、地质等因素引起的桥梁结构震害，一般难以通过结构抗震设计达到理想的防震效果，工程建设中往往采取避让原则。

抗震有利地段一般是指建设场地及其邻近无晚近期活动性断裂，地质构造相对稳定，地基为比较完整的岩体、坚硬土或开阔平坦密实的中硬土等。抗震不利地段一般是指软弱黏性土层、液化土层和地层严重不均匀的地段，地形陡峭、孤突、岩土松散、破碎的地段，地下水位埋藏较浅、地表排水条件不良的地段。严重不均匀地层是指岩性、土质、层厚、界面等在水平方向上变化很大的地层。抗震危险地段一般是指地震时可能发生滑坡、崩塌的地段，地震时可能塌陷的地段、溶洞等岩溶地段和已采空的矿穴地段，河床内基岩具有倾向河槽的构造软弱面被深切河槽所切割的地段，发震断裂、地震时可能坍塌而中断交通的各种地段。抗震一般地段是指除抗震有利、不利和危险地段以外的其他地段。

1) 地形、地质影响

地震作用下，结构响应因地形、地质条件存在较大差别，应予以足够的重视。例如，1985年智利发生的里氏 7.8 级地震中，山谷与山脊结构地震响应具有显著区别，山脊存在地形放大效应（见图 5-5）。

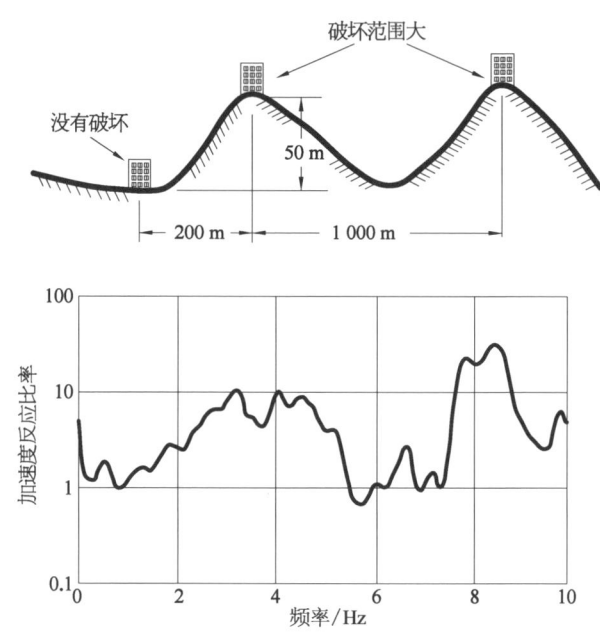

图 5-5　智利地震 Vina del Mar 山脊场地加速度传递函数

另外,在 1957 年旧金山地震中,不同地形、地质情况表现出了组合放大效应。图 5-6 为 6 km 长的地质断面,在不同的断面位置处记录到的速度和加速度谱有着明显的变化,记录到的频率成分也有较大的不同。可以发现,当土层厚度较大时,地震动的长周期成分显著。这对长柔结构及减隔震结构的影响尤为重要。大跨度桥梁的设计中也应合理选择桥墩位置,避免场地差异带来的不利影响。

大地震的发生往往伴随着次生地质灾害,如山体滑坡、崩塌和泥石流等。次生灾害对桥梁结构有着巨大的破坏力,典型的形式有山体崩塌砸坏或掩埋桥梁、山洪、泥石流等冲毁桥梁。调查发现,2008 年汶川地震中,遭受次生地质灾害影响的桥梁共计 58 座。其中,全桥失效的桥梁为 40 座,占比达 69.0%;严重破坏的桥梁 9 座,占比达 15.5%。

当桥梁建在可能液化的场地时,地震作用下,可能由于地基基础的大变形而导致桥梁破坏,如 1964 年 Niigata 地震中场地液化破坏的 Showa 桥。另一典型案例发生在 1976 年唐山大地震中,天津宁河县一座双曲拱桥由于场地液化倒塌(见下节)。此类桥梁的破坏是由砂土液化导致的,并非地震力的直接破坏,应根据规范采取相应措施,避免场地液化造成桥梁震害。

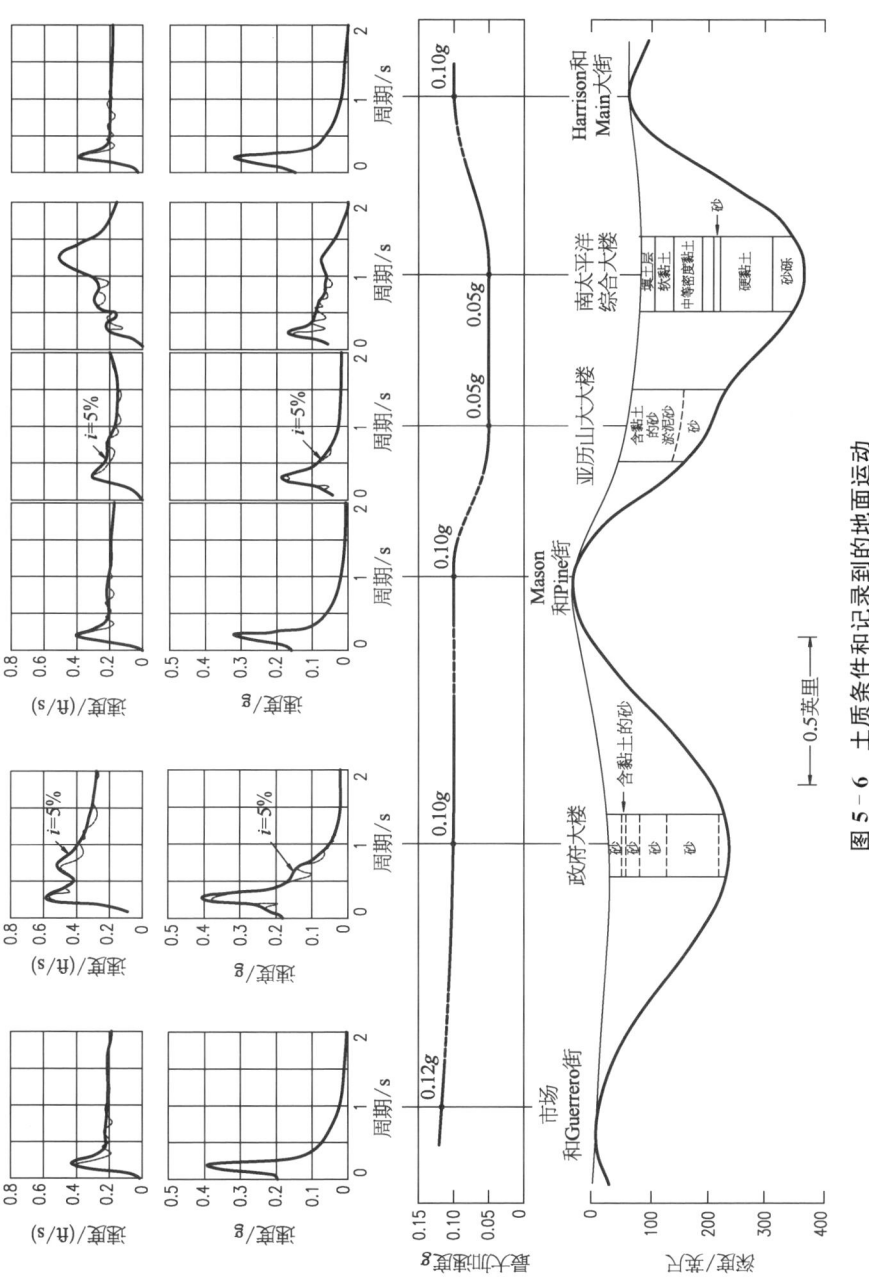

图 5-6 土质条件和记录到地面运动

2) 断层影响

地震学的普遍观点中,强震的发生往往伴随着活断层的错动。震后灾害调查表明,近断层地震对桥梁的破坏往往比远场地震更为显著。活动断层是地震中典型的抗震危险地段,许多国家或地区都出台了相关的规范或条例,禁止在活动断层上新建桥梁,或者要求与活动断层之间设有一定的避让距离。但工程中,由于活动断层具有隐蔽性、不确定性,探测技术的局限性,以及路线总体要求的制约等因素,桥梁结构仍然面临跨越活动断层的风险。近年来的强震震害调查表明,实际上这种静止和避让并不能规避活动断裂带给桥梁的破坏风险。中国汶川地震中的映秀顺河桥和台湾地区南投地震中的石围桥、名竹桥,土耳其 Duzce 地震的 Bolu 1 号高架桥等桥梁,由于断层地表破裂带穿过而发生严重的破坏甚至全桥倒塌。目前,全球已经建立了大量的强震记录站点,为近断层地震的研究提供了大量的基础数据。

研究表明,近断层地震主要有如下几个特征:

(1) 上盘效应。上、下盘的同震地表变形和地震动表现出很强的不对称性,往往上盘比下盘更强烈,上盘效应对加速度反应谱短周期段谱值有明显的增大作用。2008 年汶川地震中,北川—映秀等断裂带的滑坡、岩崩等地质灾害呈现出发震断层上盘较下盘分布密度高、范围广、规模大的特点,表现出明显的断层上盘效应。

(2) 方向性效应。一般认为,地震动方向性效应是脉冲型地震动产生的主要原因之一。2021 年 5 月,青海玛多县发生 7.4 级地震。这次地震中,野马滩大桥 70% 桥跨落梁,呈规律性南侧落于地面,北侧支撑于桥墩(参见图 2-8)。该桥为 25 跨 20 m 桥面连续的预应力空心板简支梁桥,下部结构为双柱墩,桥台和过渡墩采用了四氟乙烯滑板支座,其余采用高阻尼橡胶支座。此次地震为昆仑山口—江错断裂,大体呈东西走向。根据地震观测记录,南北向地震动表现出明显的速度脉冲形式(见图 5-7),表明断层法向可能存在方向性效应。

(3) 滑冲效应。地震动的速度时程中出现单方向半脉冲,地面出现阶跃式的不可恢复位移。1999 年土耳其 Kocaeli 地震中,在 SKR 和 YPT 台站记录到的平行于断层走向的速度和位移记录表现出单方向半脉冲和不可恢复位移(见图 5-8)。

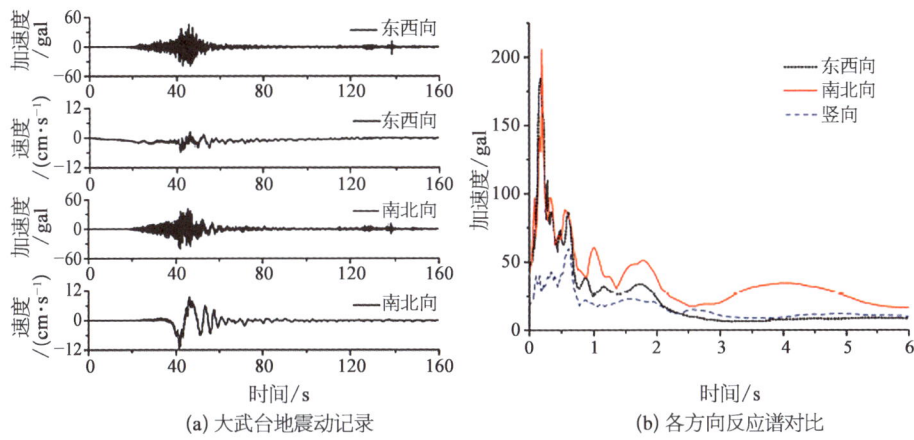

(a) 大武台地震动记录 (b) 各方向反应谱对比

图 5-7　青海玛多地震动参数

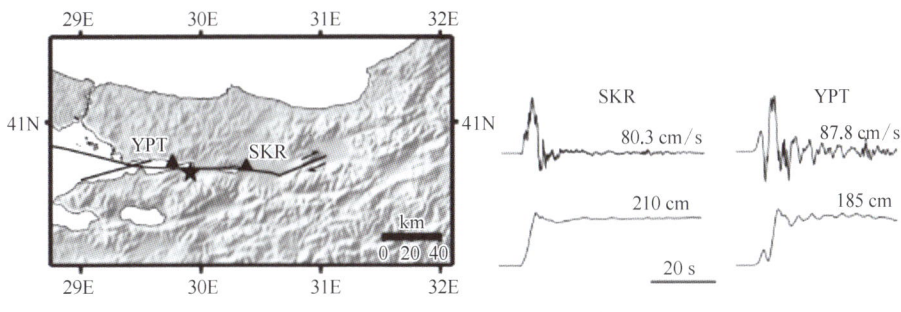

图 5-8　土耳其 Kocaeli 地震动参数

(4) 竖向效应。竖向分量与水平分量的加速度峰值比随结构基本周期和场地到断层距离的变化而变化。典型案例如 2021 年青海玛多 7.4 级地震中，雅娘黄河桥震害。

雅娘黄河桥位于黄河乡，主跨 6 孔，为混凝土 T 梁桥。下部结构为独柱墩，如图 5-9(a) 所示。管仲国等曾就该桥的震害进行调研。黄河乡位于此次地震的微观震中区。此次地震中，该桥未见明显的主梁纵、横向地震响应。桥台支座未见显著移位，但有压溃迹象，如图 5-9(b) 所示。桥台与背墙未见碰撞损伤，桥台挡块基本完好，墩柱挡块未见显著开裂损伤，如图 5-9(c) 所示。桥面混凝土栏杆未见明显损伤，但墩底混凝土压溃现象明显，如图 5-9(d)、图 5-9(e) 所示。与此同时，该桥旁边的旧桥盖梁存在明显压裂损伤，但立柱基本完好，未见受弯破坏特征。

(a) 雅娘黄河桥全貌

(b) 桥台支座

(c) 桥墩盖梁和挡块

(d) 桥面混凝土栏杆

(e) 墩底混凝土压溃

(f) 旧桥盖梁竖向压裂

图 5-9 雅娘黄河桥震害特性

雅娘黄河桥地处微观震中区,从结构震害特征表现上看:未见桥台处支座明显的纵向和横向移位,未见桥墩处主梁与纵向、横向挡块相对变形、碰撞及挡块开裂,未见墩柱明显的纵向和横向残余位移,各桥墩基本保持竖直状态,未见桥面混凝土栏杆显著破坏,仅见桥墩墩底显著的混凝土压溃破坏和旧桥盖梁明显的压裂破坏。由此可见,该桥未发生水平方向地震作用所导致的显著震害特征。因此,初步推断墩底的压溃破坏可能是震中竖向地震动叠加水平地震动、材料劣化等综合因素所致。

5.3.2 总体布置原则

概念设计是工程设计的核心,概念设计阶段需要根据桥梁的基本功能需求,考虑技术、经济,以及政治、社会、环境等多方面因素,确定合理的结构布置。在地震烈度较高的地区,结构的地震反应往往成为控制设计的因素。在概念设计阶段,对结构的总体构思、结构体系等必须考虑抗震性能,采用有利于抗震的体系方案,保障结构的安全性、经济性。

1)抗震体系布置原则

桥梁结构抗震体系是指用于承担地震作用的各种桥梁结构的总称,主要功能为承担水平向和竖向地震作用。通常从抗震角度来说,桥梁布置应尽量采用直线,注重结构整体性,并注重结构刚度和质量平衡。理想的桥梁结构应当是结构形式简单、匀称、轻盈,比如桥跨均匀、墩高一致的直线桥梁往往比墩高变化较大、桥跨不均匀的匝道桥具有更好的抗震性能,而上部结构采用组合结构或钢结构往往比混凝土结构的抗震性能更优。实际工程中,桥型的选择应综合统筹考虑地形、地质、地基条件、布局条件,以及场地类型和结构基本特点。桥梁很难按照理想的方式布置,但仍有一些基本原则可以遵循,以保证桥梁的抗震能力。

总结历次地震震害教训,避免地震作用下桥梁结构出现整体破坏和倒塌,保证交通生命线畅通,桥梁结构抗震体系应符合下列规定:

(1)有可靠和稳定的传力途径。

(2)有明确、可靠的位移约束,能有效地控制结构地震位移,防止落梁。

(3)有明确、合理、可靠的能量耗散部位。

(4)有明确、合理的构件损伤发展路径,应具有避免因部分结构构件的破坏而导致结构倒塌的能力。

桥梁大部分质量集中在上部结构,很大部分的地震惯性力也来自上部结构。地震惯性力通过上、下部结构之间的连接构造(支座等)传递给墩柱,再由墩柱传递给基础,进而传递给地基承受。一般来说,上部结构的设计主要由恒载、活载、温度作用等控制。而墩柱在地震作用下将会受到较大的剪力和弯矩作用,一般由地震反应控制。因此,需要很慎重地设置上、下部结构之间的连接构造。均匀对称地设置上、下部结构的连接构造,可以使各下部结构均匀地分担地震力,有利于提高桥梁结构的整体抗震性能。

2) 抗震结构体系的适应性

考虑地形、地质、地基条件、布局条件等因素后,选择适当的桥梁构造形式非常重要。不同的结构体系有着不同的地震响应特点,概念设计中,要结合结构动力特性特点,因地制宜,选择合理的结构体系。抗震结构体系的适应性如下:

(1) 简支梁桥易发生落梁灾害,为做好防落梁设计,宜选择尽可能长的上部结构连续的桥梁形式。在地基条件和构造条件有明显变化的地方,必须针对上部结构分联位置,探讨对比墩顶处上部结构分离和连续方案。对于长联多跨连续梁桥,为满足风荷载、车辆制动力等荷载要求,一般需设置固定墩。地震作用下,固定墩往往承受较大的地震力,这时有必要设置合理的水平力分散构造,使下部结构受力均匀。

(2) 在可能产生软质黏性土层滑动、沙质地基液化及伴随液化的流动化等地基变化的填拓地基和冲积地基上,宜选择水平刚性较高的基础、多点固定或框架桥等形式,使上、下部结构之间有较多的富余约束,而不容易导致结构体系失效。

(3) 在软弱黏性土层、液化土层和严重不均匀地层上,不宜修建大跨径超静定桥梁和其他对地基不均匀变形敏感的桥梁,如连续梁桥、有推力拱桥等。

(4) 由于路线需求等因素,桥位无法避开发震断裂,需要跨越发震断层时,因地震作用下易产生显著永久地面位移,应采用结构简单、便于震后修复的结构。避免采用有推力拱桥、连续刚构、连续梁等受断层错位影响较大的桥梁形式。下承式系杆拱桥类似于简支梁桥,在保证墩梁搭接长度的情况下,对断层地震具有相对较好的适应能力。

(5) 地基条件良好、自振周期短的大跨度连续桥梁宜优先选择减隔震设计。

(6) 在可能因部分损坏导致整个体系崩溃的构造系统中,必须考虑如何限定该部分的损坏。

(7) 必须区分大震下变形耗能的可塑性化构件和保持基本弹性的能力保护构件。几何非线性影响较大的构造,以及恒载作用下偏心距大的构造在大震下容易变得不稳定,应避免采用。

(8) 采用钢结构、组合结构等上部结构,有利于降低上部结构质量,从而降低结构地震响应。

3) 基于场地的设计原则

场地类型与场地地震动是影响结构动力响应的重要因素。在不同的场地地震动作用下,桥梁结构的地震响应差异性较大。上部结构对地震力的放大作用与地基土的种类有关。当地震动的显著频率成分与结构基频接近时,结构的地震响应将被显著放大。基于场地条件选择结构体系,通过改变桥梁墩身刚度等方式,使结构的抗震性能与场地特性相适应,是桥梁抗震概念设计的重要原则。

在坚硬土壤或岩石上,场地地震动能量主要集中在短周期范围。此时,柔性长周期体系是较好的选择。若结构较柔,即结构的自振周期大于场地特征周期,自振周期的增大将使动力放大系数大幅度减小。可采用在某些桥墩上设置纵向竖缝以减小桥墩横向刚度(见图5-10),也可以采用减隔震设计,延长结构周期来改善结构受力。

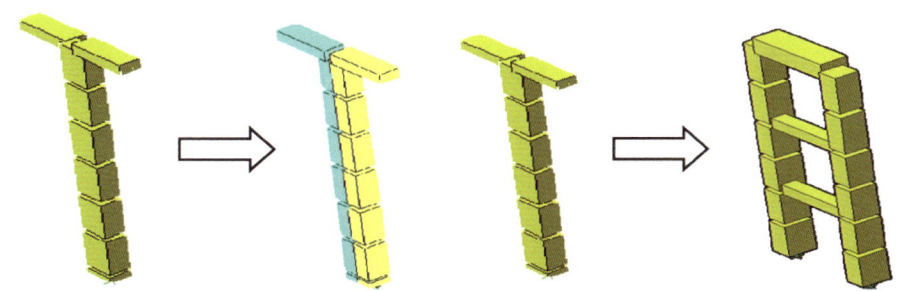

图5-10 桥墩设置纵向竖缝　　图5-11 独柱墩设置成双柱墩

在软弱地基上,如Ⅲ类、Ⅳ类场地的特征周期长,更多的地震动能量集中在长周期范围。长周期结构在软土地基上将导致墩顶位移加大,结构位移成为制约因素。而刚性的短周期结构可以避免大强度的地震响应。此时,刚性结构相对柔性结构往往具有更好的适用性。可将独柱墩设置成框架墩以增大结构的横向刚度(见图5-11),降低结构地震响应。

4) 主桥与引桥布置

在跨越山谷、河流等桥梁结构中,主桥一般需要采用跨越能力强的大跨度桥梁,而引桥则采用经济性较好的中小跨径桥梁。这也导致了主桥与引桥往往存在显著的动力特性差异。地震作用下,会使主桥、引桥的连接处产生较大的相对位移,从而导致落梁震害(见图5-12)。在历次大地震中,不乏大跨度桥梁过渡孔落梁的情况。为了防止因相对位移过大而导致落梁震害,应加宽该处盖梁的宽度,设置限位装置或合理的连梁装置。

图5-12 过渡跨落梁震害

5.3.3 减隔震优先原则

由于受到对地震机制、结构自身响应特性等认识的局限,有效的减隔震设计更需要丰富的经验支撑。单纯通过理论计算及盲目应用公式进行设计是不可取的。目前,大面积提高抗震设防标准,投资大幅增加,仍有难度。若采用有效、成熟的结构减隔震技术,投资增加不多,但能显著提高结构抗震安全性。

相对延性抗震设计来说,桥梁减隔震技术并未被设计人员普遍掌握。加之地震具有偶然性,往往在设计中得不到应有的重视,错失提高桥梁抗震性能的机会。针对减隔震技术的适应性及能力设计思想的应用分述如下。

1) 减隔震技术的适应性

近年来,减隔震技术逐渐成熟。抗震概念设计阶段,优先考虑减隔震设计是相对合理的选择。在这一阶段可首先判别是否适合采用减隔震技术,以及减隔震装置的放置位置、布置方式等。此外,对减隔震构造细节、构造措施等应给予仔细考虑。从《中国地震动参数区划图》(GB 18306—2015)可知,Ⅰ、Ⅱ、Ⅲ、Ⅳ类场地特征周期在0.2~0.9 s。使用减隔震支座,对应于较高水准地震作用时,通常隔震周期大于1.5 s。因此,如果场地条件比较稳定,中小跨径的梁式桥(或高架桥)在多数情况下可尝试使用减隔震技术。

2) 能力设计思想的应用

能力设计思想在减隔震桥梁中同样重要,是确保减隔震效果的重要途径。减隔震桥梁设计是通过减隔震装置及结构其他构件共同作用抵抗地震作用。设计人员应根据不同水准地震作用下结构预期的性能目标,"告诉"结构在不同水准地震作用下该怎么做,即抵抗地震力时,结构逐层损伤弱化的传力路径、耗能机构,使地震惯性力顺利地传递到下部结构和基础。要达到这个目的,更多的是依赖于设计人员的经验和对结构在地震作用下性能的深刻理解,通过能力设计方法来实现,而不是通过复杂的分析方法。

减隔震桥梁设计中,引入减隔震装置的目的是利用其屈服变形减小屈后刚度,延长结构周期,并利用其滞回耗能耗散地震能量,以提高结构的抗震能力。因此,在地震作用下,应以减隔震装置隔震、耗能为主,非弹性变形和耗能主要集中于这些装置(见图5-13)。

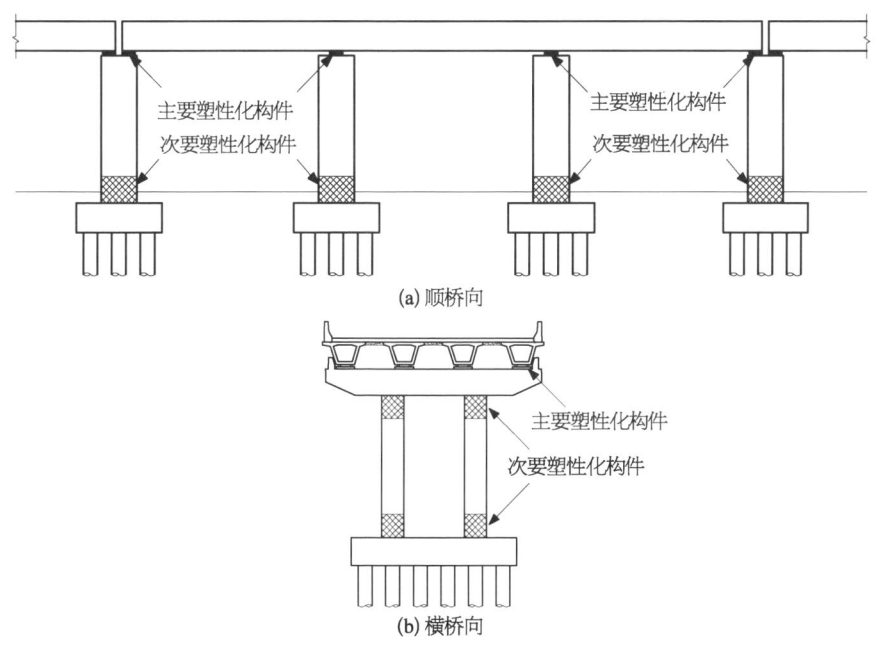

图5-13 减隔震桥梁塑性化构件分布

为了充分发挥隔震装置的隔震性能,需要隔震装置发生较大的变形,并使其水平刚度远低于桥墩、桥台、基础的刚度。减隔震设计规范规定隔震周期应为非隔震周期的 2 倍以上，就是这个道理。同样，对于滞回型耗能的减震装置，只有减震装置发生较大变形时，其耗能减震作用才能有效发挥作用。为了增强减震耗能装置的有效性，通常选择将其布置在刚度较大的桥墩桥台处。

为充分发挥减隔震装置作用，应避免桥墩屈服先于减隔震装置屈服，避免导致塑性耗能部位的不确定性。设计中应使桥墩的屈服强度略高于减隔震装置设计变形所对应的状态。要实现这一理念，应采用能力设计原理。此外，传统抗震设计中的能力保护构件设计原则在桥梁减隔震设计中仍适用。

5.3.4　多道设防原则

地震的发生具有极大的不确定性，目前的地震预测尚不成熟，抗震设防烈度的划分存在不确定性，灾难性大地震多发生在低烈度区。因此，桥梁设计既要满足"按烈度设防"，也要有一定的防御突发性超烈度大地震的能力。多道设防中，上一道防线的破坏消耗了地震能量、改变了结构的动力特性，减小了地震力，下一道防线进一步保障结构的整体性能，避免落梁、倒塌的发生。整体结构层面，多道设防包括结构本身的抗震设防（延性或减隔震设计）及抗震措施等。抗震措施中，防落梁系统也应按照多道设防的原则，一般包括限位装置、防落梁构造、梁端搭接长度、防落差构造等。多道抗震防线的要求，对于在大震作用下结构抗倒塌具有重要意义。大震作用下，减隔震桥梁各道防线作用可参考表 5-3。

表 5-3　大震作用下多道防线设计

抗震阶段	防线	对应装置或构件	作　用
结构抗震	防线 1	结构本身抗震设防（延性设计或减隔震设计）	抵抗设计地震
防落梁系统	防线 2	限位装置	限制墩梁相对位移
	防线 3	防落梁构造	防止落梁
	防线 4	梁端搭接长度或防落差装置	防止落梁

一般来讲，充分考虑了抗震需求和抗震性能的概念设计，在满足桥梁抗震要求方面会有较优的表现。由于工程场地可能遭受地震的不确定性，以及人们对桥梁结构地震破坏机制认识尚不完备，桥梁抗震还不能完全依靠定量的

计算方法。出于设防要求和结构自身的特点，还需考虑一些有针对性的抗震措施，以应对总体或局部薄弱环节，完善概念设计。概念设计阶段应加强构造措施，设置多道抗震防线，明确桥梁失效路径，提高结构应对地震动不确定性的适应能力。

在典型的桥梁震害中，落梁灾害十分常见。一方面是由于墩（台）梁的搭接长度不足，另一方面是由于主梁与桥墩的连接部位缺少必要的限位及防落梁构造。在主梁与主梁或主梁与桥墩之间设置适当的连接措施，在近断层附近适当增大梁端搭接长度，设置挡块、剪力销、防震锚栓等限位装置，设置桥台防撞构造等，这些必要的局部构造措施能够提高桥梁的抗震能力，增加安全储备。

抗震构造措施不应影响桥梁的正常使用功能，也不应妨碍减隔震装置发挥作用。如果构造措施的使用对桥梁地震响应定量计算结果影响较大，则可能导致计算结果失真。这种情况下，抗震分析时应考虑抗震措施的影响。桥梁结构地震反应越强烈，越容易发生落梁等严重破坏，构造措施就越重要。因此，处于高烈度区的桥梁结构需特别重视抗震构造措施。

5.4 各桥型抗震概念设计要点

在地震烈度较高的地区，结构的地震反应往往成为控制设计的主要因素。所以，在概念设计时，对结构的总体构思、结构体系、基础形式等方案构思就必须考虑抗震性能。有利于抗震的体系方案，容易获得较好的结构抗震性能；相反，不利于抗震的体系方案，需要耗费巨大的代价以满足抗震要求。虽然各种桥型因其跨度、构件尺寸和基础形式不同，表现出不同的地震反应，但同类桥型在动力特性、地震反应等方面存在一定的规律。了解这些规律和特征，以及各种桥型的抗震设计原则，有助于在概念设计中做一些基本判断。

5.4.1 梁式桥抗震概念设计

1）梁式桥地震响应特点

梁式桥是最为常见的桥梁结构形式，主要有五种类型，即简支梁桥、连续梁桥、悬臂梁桥、T型刚构桥和连续刚构桥。目前应用最为广泛的主要是简支梁桥、连续梁桥和连续刚构桥。简支梁桥与连续梁桥一般通过支座连接上下部结构，连续刚构桥采用墩梁固结方式。

连续梁桥具有受力合理、构造简单、施工方便等优点。相比简支梁桥，由于伸缩缝少，桥面行车更流畅，不易发生落梁破坏，在中小跨径桥梁中具有很强的竞争力。目前，大型桥梁工程的引桥往往采用多跨连续梁桥的结构形式，且单联的桥跨数有不断增多的趋势。连续梁桥是中小跨径桥梁中应用最为广泛的桥型，工程经验及震害调查表明，减隔震措施十分经济有效，对连续梁桥的减隔震设计研究具有重要的工程实践意义。

连续刚构桥一般用于大、中跨桥梁建设，其结构特点是中间桥墩采用墩梁固结。如果桥墩的刚度较大，一般不宜设置在高烈度区。但柔性桥墩，如位于深谷和深水中的高桥墩，或将桥墩做成双肢薄壁形式，桥墩的抗推刚度降低，可适应较大的纵向水平位移和角位移。由此可知，连续刚构桥抗震设计只能采用延性设计，或以延性设计为主，同时在桥台支座位置设置减隔震支座。但需要特别注意支座的位移能力（温度＋收缩徐变＋制动力＋地震位移之和）。

梁桥可分为规则桥梁和非规则桥梁，有关抗震设计规定参照现行桥梁抗震设计规范。其中，最为重要的是应尽量采用对称的结构形式，上下部结构之间的连接构造应尽量均匀对称。下面主要讨论梁桥（简支梁桥、连续梁桥）的抗震设计。

2）梁式桥抗震概念设计要点

在各类桥型中，梁式桥应用最为广泛，且一般适宜进行减隔震设计。目前，减隔震设计在桥梁设计中已经具有十分广泛的应用和发展。如何选择合理的减隔震体系、采用恰当的减隔震装置及适合的减隔震设计方法是梁式桥减隔震设计的关键。

(1) 直线及整体原则。从桥梁抗震的角度，理想的桥梁布置形式应当是直线桥梁，即应尽量使桥梁位于直线上。弯桥或斜桥会使地震反应复杂化，地震作用下，刚度扭转中心和质量中心的偏离会在上部结构产生转动效应，加重落梁和碰撞等破坏风险。2008年汶川地震中，跨径布置为 5×20 m、半径为 66 m 的百花大桥曲线段在地震作用下完全倒塌，而两侧的直线段桥梁基本处于可修复状态（见图 5-14）。1994 年的美国北岭（Northridge）地震中，某跨线斜交桥梁在地震中发生落梁破坏（见图 5-15）。

5 桥梁抗震概念设计

图 5-14　汶川地震百花大桥震害

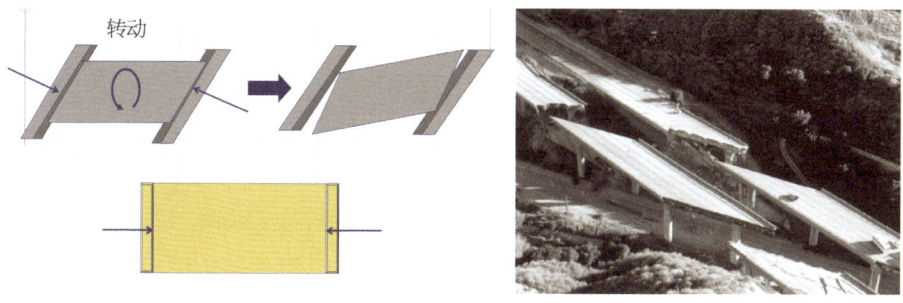

图 5-15　美国北岭地震斜桥落梁

地震作用下,斜桥的纵横向位移相对较大,易发生落梁灾害。因此,抗震概念设计中,应尽量避免采用曲线桥梁与斜桥。在实际工程中,由于交通功能的要求和地形条件等非抗震因素的影响,通常存在大量的曲线梁桥、斜交桥,如城市立交、高架桥梁中存在大量的匝道桥(见图 5-16)。对位于曲线上的桥梁,应尽量使用较大平曲线半径,并使布设桥梁均和路线正交,避免出现复杂不利的地震反应。考虑减隔震设计,并保证桥梁支承系统具有较大的位移能力,采用适当的限位构造措施防止落梁,对斜桥应尽可能采用较小的斜交角。

同时,应尽量保证结构体系的整体性和规则性。整体性可防止结构构件及非结构构件在地震时被震散掉落,同时也是结构发挥空间作用的基本条件。加强桥梁结构的整体性,上部结构应尽可能连续,尽可能减少伸缩缝数量。

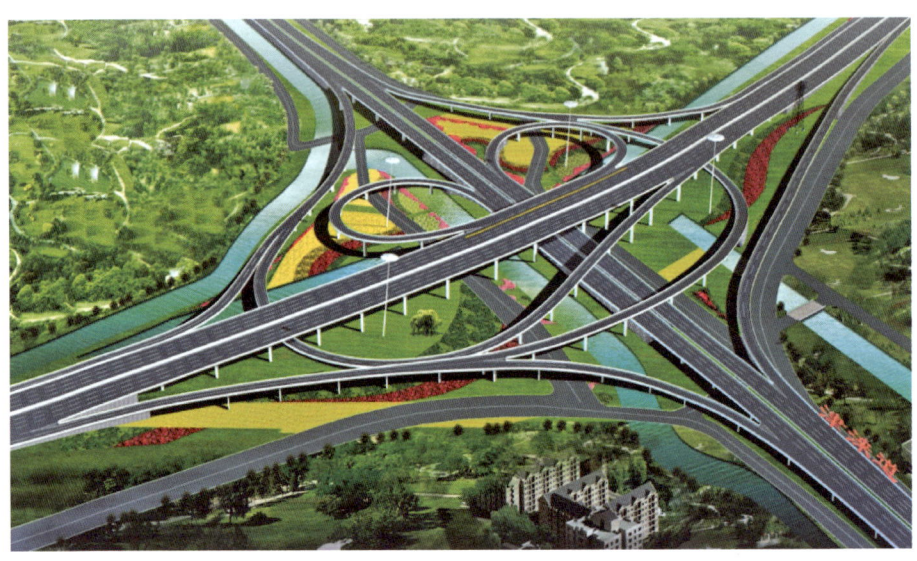

图 5-16 城市立交桥

（2）刚度和质量平衡原则。刚度和质量平衡是桥梁抗震理念中最重要的一条，《城市桥梁抗震设计规范》(CJJ 166—2011)及《公路桥梁抗震设计规范》(JTG/T 2231-01—2020)对这一重要原则均有论述。尤其针对梁式桥一联或多联内桥墩的刚度比做了非常详细的规定，避免过大的刚度差。桥墩直接影响着结构的刚度分配、动力特性等，也直接影响着桥梁结构的抗震性能。依据场地类型、地形条件等，合理地选择桥墩类型、高度等至关重要。

一个良好的抗震结构体系应能使各部分结构合理地分担地震力。这样，各部分结构都能充分发挥自身的抗震能力，对保证桥梁结构的整体抗震性能比较有利。采用对称的结构形式有利于各部分结构合理地分担地震力。应尽量采用对称的结构形式，同时，上下部结构之间的连接构造应尽量均匀对称。

墩台布置尽量做到对称，各桥墩的高度相差不大。墩高不等会导致桥墩刚度变化，使刚度较大的桥墩最先破坏。实际工程中，在地形、地貌变化较大的地区，桥梁结构在线路中往往占很大比例，这些线路中的桥梁最为显著的特点便是墩高相差悬殊，桥墩刚度差异大，地震作用下潜在破坏位置不明确。此时，可通过采用不同的减隔震支座参数调整下部结构的总体刚度，使各桥墩总体刚度相近，均匀分担水平地震力。

梁式桥的刚性矮墩宜设置活动支座或板式橡胶支座，不宜设置固定支座。在横桥向地震作用下，双柱墩或多柱墩的盖梁可能会出现正负弯矩交替作用的情况，应予以特别关注。

此外，应尽量采用连续结构，尤其是在断层附近，对于克服脉冲作用引起的大位移有显著效果。应加强防落梁系统设计，注重均匀、均衡、联合抗震及上部结构轻量化。

3）典型案例

桥墩直接影响着结构的刚度分配、动力特性等，也直接影响着桥梁结构的抗震性能，依据场地类型、地形条件等合理地选择桥墩的类型、高度等至关重要。墩高较大的连续梁桥一般采用延性设计较为合理；墩高不大、墩身较刚的桥梁，采用结构延性抗震设计时容易导致墩身的剪切破坏。如1971年美国的 San Fernando 地震中大量矮墩发生剪切破坏（见图5-17），同时说明，对于矮墩或者刚性桥墩不宜通过桥墩的延性能力抵抗地震作用。

图 5-17　1971 年 San Fernando 地震桥墩剪切破坏

图 5-18 为 1995 年日本 Hyogo-Ken Nanbu 地震中倒塌的桥梁。该段桥梁为长直线线型布置的城市高架桥，桥墩采用圆形的独柱墩，墩高为 $9.9\sim 12.4$ m。地震作用下，桥墩在墩底附近进入塑性，并发生剪切破坏、产生剪切裂缝，上部结构整体偏向一侧，并由于 $P-\delta$ 效应增加桥梁的整体侧倾趋势，最终桥梁结构整体倾覆，墩身完全剪切破坏，结构毁灭性破坏。该震害表明，长直线桥梁不宜采用独柱墩并依靠墩身强度或延性能力进行抗震设计。该类桥梁在横桥向相当于一个悬臂结构体系，缺少必要的多余约束。一旦墩底发生

塑性，横向稳定性无法保障，从而导致整个结构的侧翻。对于这类桥梁，应当采用框架墩等，防止整个体系丧失抗震能力，并考虑采用减隔震措施。

图 5‑18　1995 年日本 Hyogo-Ken Nanbu 地震桥梁的倒塌

独柱墩可以有效节省桥下车辆的通行空间，减少对司机视线的遮挡，且简洁美观，因此被广泛运用在城市立交桥和匝道桥中。但由于上述横向结构体系方面的缺陷，在高烈度地震区，长直线桥梁不宜采用独柱墩。

5.4.2　拱桥抗震概念设计

1）概念设计要点

拱桥的抗震概念设计方面，首先要区分拱的类型。比如上承式拱或下承式拱，石拱桥等拱肋刚度较大的拱桥还是钢管拱。

拱桥的主拱作为主要承重结构，宜选择有利于提高延性变形能力的结构形式及材料，避免发生脆性破坏。拱桥的主拱圈在强烈地震作用下，拱平面内受弯，拱平面外受扭，当地基产生不均匀沉陷时，主拱圈还会发生斜向扭转和斜向剪切。因此，大跨径拱桥的主拱圈宜采用抗扭刚度较大、整体性较好的断面形式。一般用箱形拱、板拱等闭口断面为宜，不宜采用开口断面。当采用肋拱时，不宜采用石肋或混凝土肋，宜采用钢筋混凝土肋，并加强拱肋之间的横向联系，以提高主拱圈的横向刚度和整体性。

在拱平面内，从拱桥的振动特性看，拱圈与拱上建筑之间振动变形的不协调性更加突出。为了消除或减少这种振动变形的不协调，宜在拱上立柱或立墙端设铰，允许这些部位有一些转动或变形。

在强烈地震作用下,为了保证大跨径拱桥不发生侧向失稳破坏,应采取提高拱桥整体性和稳定性的措施。例如下承式拱桥和中承式拱桥设置风撑,并加强端横梁刚度;上承式拱桥加强拱脚部位的横向联系。

拱桥的抗震设计中,还应区分有推力拱桥与无推力拱桥。

有推力拱桥的下部结构承担较大的水平力,拱桥基础宜置于地质条件一致、基础条件好的山谷或者河谷,或两岸地形相似的坚硬土层或岩石上。实腹式拱桥宜减小拱上填料厚度,并宜采用轻质填料,逐层夯实。对于刚度较大拱桥,地震下呈整体刚性运动。震害调查发现,部分高烈度区域的刚性拱桥表现出良好的抗震性能。有推力拱桥对地基的相对位移很敏感,在场地地质条件不连续、地震时地基可能产生较大相对位移的地段,以及断层附近,或可能跨越潜在断裂带的桥梁,不宜修建有推力拱桥。当地震引起地基液化或移位时,拱脚产生移位,易导致倒塌。在液化场地或软弱土层场地,为避免地震时因地基失效而导致桥梁倾斜或垮塌,桥梁基础应穿过液化土层或软土层。

当拱桥的拱脚设置系杆时,拱脚水平力通过系杆实现自平衡,静载作用下,桥梁下部结构一般不承担水平力。无推力拱多为下承式,上、下部结构之间设置主要承担竖向力的桥梁支座。无推力拱桥可用于平原地区或软土地区,当设置合适的拱桥横撑、横梁时,上部结构一般具有较好的整体刚度,地震作用下,结构动力响应更多表现为梁桥的特性。此类拱桥可通过对支座系统的减隔震设计,隔离地震力,获得较好的抗震性能。

此外,《汶川地震震害调查》中值得注意的是,圬工拱桥的震害表现与梁桥有明显的区别,其震害表现出一定的极端性,要么基本完好,要么震害严重,甚至全桥垮塌。相同烈度、相同桥梁规模的拱桥中,各级破坏率并未出现类似简支梁桥的完全失效、严重破坏率与中等破坏率明显的阶梯状增长。

2) 典型案例

地震实践表明,拱桥破坏的主要原因有两点:一是砂土液化,二是结构本身的强烈振动。关于前一种原因,1985年10月20日的《地震报》有一则生动的报道:位于天津市宁河县西南的小薄庄,有一座横跨津唐运河的混凝土双曲拱桥,共10跨,每跨长22 m,宽4.5 m,采用双柱式混凝土墩、台,入土深14~15 m。1976年7月28日晨3时42分唐山大地震,桥未毁坏。4时半左右,有三位中学教师路经此桥,当行至桥长1/3处,忽听"哗啦"一声,眼前3~4 m处的一桥孔坍塌,三人急忙往回跑。这时其余各桥孔也依次朝岸边塌了过来,就像是在身后追赶着似的,待三人跑到岸边,桥已全毁。这一事实清楚地表明,该桥的破坏是砂土液化导致拱脚产生移位,并非地震力的直接破坏。关于后一种原因、结构强烈振动产生的破坏,是在地震过程中发生,是地震直接作用的结果。概括地说,前者取决于地基土的性质,后者取决于地面运动特征和结构的动力性能。两者的防患对策是有区别的,前者应从场地选择和地基加固方面采取措施,后者应着重于加强结构本身的抗震能力。

5.4.3 斜拉桥抗震概念设计

大跨度斜拉桥一般是长周期结构,其第一振型纵向飘浮振型对主塔顺桥向地震反应的贡献占绝对优势。在飘浮体系斜拉桥中,对塔的横向地震反应贡献最大的是以塔的振动为主的振型(塔的对称横向振动和反对称横向振动)。斜拉桥属于高次超静定结构,其结构行为表现出较强的耦合性,典型的主梁纵飘与竖弯振型耦合、扭转和横向弯曲振型耦合。

斜拉桥的抗震性能主要取决于结构体系。根据塔、梁、墩之间的不同结合关系,斜拉桥可分成飘浮体系、半飘浮体系、塔梁固结体系、塔梁墩固结体系(刚构体系)4 种。不同体系下,地震响应特点、抗震能力存在较大差异。

1) 斜拉桥体系分类

(1) 飘浮或半飘浮体系。飘浮或半飘浮体系斜拉桥(见图 5-19),主梁与主塔分离,或设置有竖向支座,其余位置均由拉索支承,成为在纵向可自由漂移的多点弹性支承连续梁。地震时,主梁可发生纵向摆动,基本振型周期较长,一般可达 3~10 s,属于长周期结构。地震烈度较高地区的斜拉桥宜优先

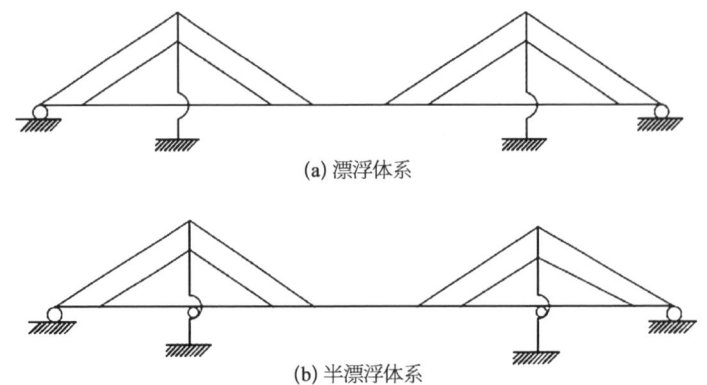

图 5-19 飘浮或半飘浮体系斜拉桥

考虑选择飘浮或半飘浮体系。但该类体系可能产生过大的地震位移反应,导致梁端位移反应过大,伸缩缝设计困难,或引起梁体碰撞。

斜拉索在横桥向的倾角很小,不能提供有效的横向支承,只有端支承提供主梁横桥向位移约束,对水平向承载力不利。故必须在塔梁交接处对飘浮体系主梁施加一定的横向约束,以抵抗由于风力、小震等引起的横向水平力(图5-20)。一般在塔柱和主梁之间设置板式橡胶支座或聚四氟乙烯盆式橡胶支座以限制主梁的横向位移。大震作用下,在塔梁交接处施加横桥向刚性约束,可能导致主塔的横向地震力过大,造成设计的不经济,甚至导致结构设计困难。横向应设柔性约束,并使其具有一定的初始刚度和屈服力,以提高抗震性能,兼顾抗风的需求。

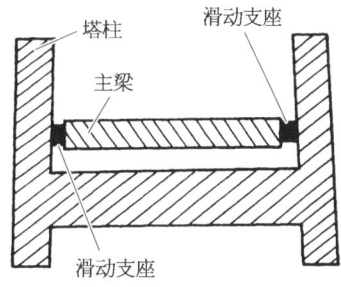

图5-20 塔梁间的横向约束

现代大跨径斜拉桥大多采用飘浮体系。美国的哥伦比亚桥、东亨丁顿桥及日照高架桥,我国的武汉长江公路桥、重庆长江二桥、铜陵长江大桥、上海南浦大桥和杨浦大桥都采用这种体系。

(2) 塔梁固结、塔墩分离——塔梁固结体系。塔梁固结体系斜拉桥,塔梁固结并支承在桥墩上(见图5-21),主梁相当于顶面用拉索加强的一根连续梁或悬臂梁。塔梁固结体系的主要优点是取消了承受很大弯矩的梁下塔柱部分,代之以一般桥墩。我国上海柳港大桥也采用塔梁固结体系,主梁布置成非连续体系,中跨跨中有一孔30 m长的简支挂梁形成单悬臂加挂梁的主梁结构体系。

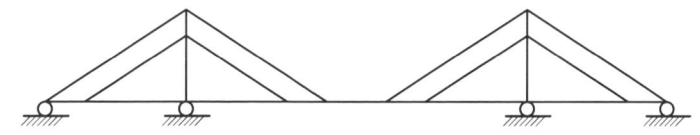

图5-21 塔梁固结体系斜拉桥

在地震作用下,塔梁固结体系地震响应与梁式体系相一致。墩与梁之间的支座可以采用减震装置,进行减隔震设计。南昌朝阳大桥采用了六塔连续单索面斜拉桥,总体结构形式为塔梁固结、梁墩分离体系,墩梁之间设置拉索减震支座,地震作用下,延长了结构周期并控制了结构地震位移,有效地提高了全桥抗震能力。

(3) 主梁、索塔、桥墩三者互为固结——刚构体系。刚构体系的斜拉桥梁、塔、墩固结(见图 5-22),主梁成为在跨内有多点弹性支承的刚构。这种体系的优点是结构刚度大,主梁和塔柱的挠度均较小,不需要大吨位支座,最适合用悬臂法施工。刚构体系斜拉桥自振周期短,地震作用下地震内力较大,一般不宜用于高烈度地震区。

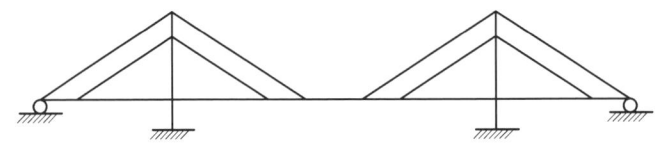

图 5-22　刚构体系斜拉桥

由于塔、梁、墩固结,体系的超静定次数高,减小墩梁中的温度附加内力是该体系的关键问题。在双塔或多塔斜拉桥中,必须在跨中设置可纵向伸缩的铰缝或挂孔,或尽量降低桥墩的纵向抗推刚度,以消除或减小温度附加内力。图 5-23 是铰缝的几种形式。采用双薄臂柔性墩是一种常用的减小桥墩抗推刚度,以减小温度附加内力的方法,如广州海印桥(见图 5-24)。

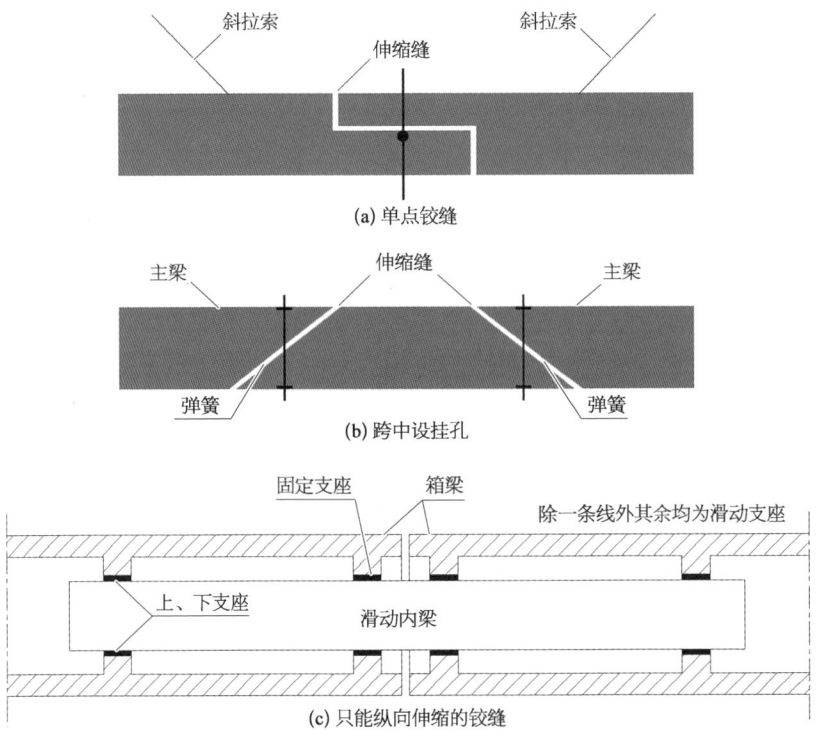

图 5-23　跨中铰缝构造

5 桥梁抗震概念设计

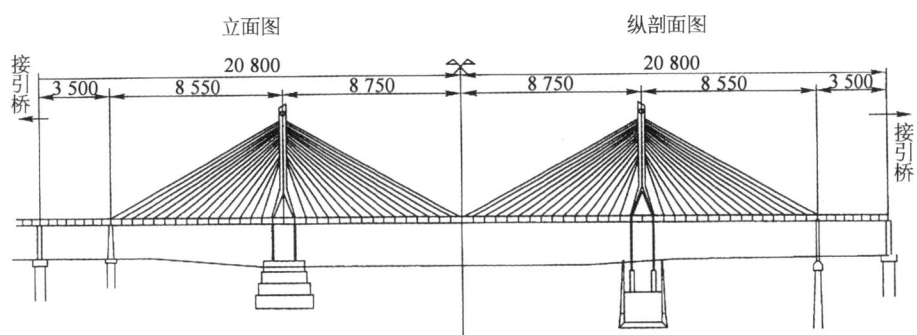

图 5-24　广州海印桥双薄臂柔性墩(单位：cm)

刚构体系动力性能较差,因此,该体系用于地震区时,应认真进行动力分析研究。在塔梁墩固结处主梁负弯矩很大,此区段内主梁抗弯能力必须加大。在跨中设置剪力铰或挂孔时,对行车有一定影响,且对养护不利。

矮墩结构的塔墩梁固结斜拉桥,由于桥墩较矮,且塔墩梁固结,地震作用下无法通过位移释放地震力,也无法通过施加减隔震装置耗能。因此,在高烈度地震区,一般应避免采用塔墩梁固结体系的斜拉桥。

2) 斜拉桥抗震设计策略

高烈度地震区的斜拉桥设计,应注意地震力的传力途径。宜采用合适的减隔震设计方法,而不应采用延性抗震设计方法。地震作用下,斜拉桥的主塔应处于弹性状态。一旦主塔进入塑性状态,其导致的大变形会使结构体系发生变化,不仅修复困难,且易致结构倒塌破坏。

斜拉桥的抗震设计中,可以通过合理改变地震力的传力途径来改善结构地震响应。传力途径上的大变形位置处可考虑合适的阻尼耗能装置,如飘浮或半飘浮斜拉桥中,塔梁处设置弹性索、弹塑性索或弹塑性、黏弹性阻尼装置可有效降低地震响应,控制主梁位移。如图 5-25 所示,斜拉桥主梁惯性力主要通过斜拉索、塔梁交接传递给下部基础。当塔梁固结时,主梁水平惯性力主要通过塔梁固结位置传递,传力点距离塔底力臂较短,但结构刚度大,地震剪力较大,塔底弯矩较大,于结构抗震不利。飘浮、半飘浮体系中,主梁水平惯性力主要通过拉索传递给主塔,结构周期长,主梁地震位移较大,同时由于斜拉索与主塔的作用点较高,塔底的弯矩一般也处于较大水平。飘浮、半飘浮体系中,塔梁处设置一定的弹性约束,可以合理分配主梁惯性力的传力,既可避免结构刚度过大而导致地震惯性力过大,控制主梁位移,又可减小惯性力的作用点距塔底力臂,减小塔底弯矩。同时,塔梁处设置合理的阻尼耗能装置,可进一步降低结构地震响应。

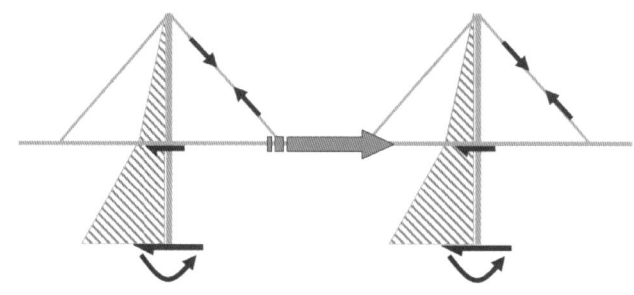

图 5‐25　斜拉桥典型传力途径

斜拉桥的主塔构造形式同样是概念设计的重点关注对象。H 形、A 形及钻石型桥塔(图 5‐26)都具有显著不同的动力特性,地震响应存在明显差异。采用空间多塔柱的桥塔时,主塔纵向刚度大,往往可以较好地控制主梁地震位移。高烈度区域应仔细考虑桥塔形式,以获得良好的抗震能力,实现经济有效的抗震设计。

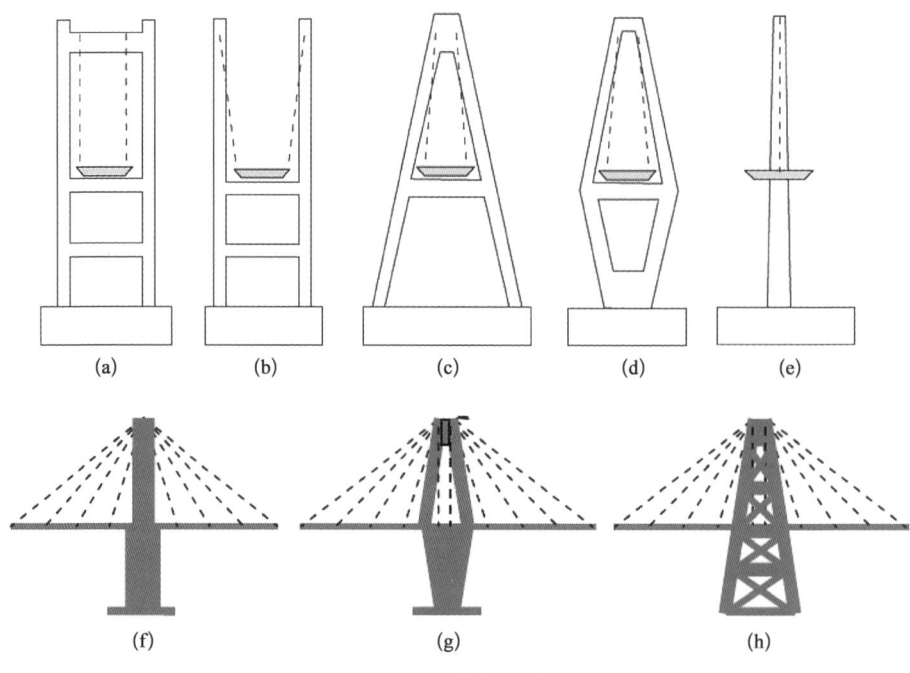

图 5‐26　斜拉桥主塔形式

对于跨断层斜拉桥,为提高桥梁的位移适应能力,可采用桥塔基础减隔震。

3) 斜拉桥抗震设计经典案例

希腊的 Rion-Antirion bridge 为桥梁基础隔震的经典案例。该桥横跨希腊科林斯海峡,桥位处岩床深度超过 500 m,2000 年重现期的地震最大峰值加速度达 1.2g,且半岛以每年 8～11 mm 速度漂离大陆。因此,抗震安全是设计最主要的控制因素。整个结构的抗震设计考虑两桥墩间任意方向 2 m 的地质构造运动。

鉴于该桥建在地壳运动的强烈地震带,而且地质条件差,水深、通航要求高等不利条件对建桥带来很大的困难。经过多方案比较,Rion-Antirion bridge 采用五跨连续的全飘浮体系斜拉桥,跨径布置为 286 m+3×560 m+286 m(见图 5-27)。

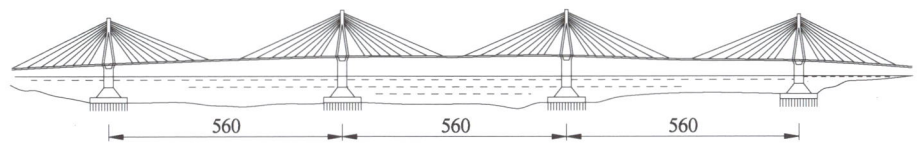

图 5-27　希腊 Rion-Antirion bridge 总图(单位:m)

基础土体由直径 2 m、厚 20 cm、长 25～30 m 钢管桩加固,并在之上铺以 90 cm 厚的沙砾层、1.6～2.3 m 厚的河卵石、50 cm 厚的碎石形成 3 m 厚的垫层。垫层的作用为减隔震和控制基础与地基间的相互位移。高 65 m、墩底基座直径为 90 m 的圆形桥墩放在垫层之上,形成可相对滑动的"加筋土隔震基础"(reinforced soil foundation)(见图 5-28)。基础与垫层之间没有连接,可以在地震时产生向上及向左右的移动,但在正常使用荷载及小震作用下不会发生滑动。允许其在地震后留有不影响使用的残余位移,但要求其转角小于 0.001 弧度。因此,能够有效地抵抗强震作用。

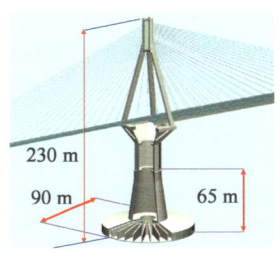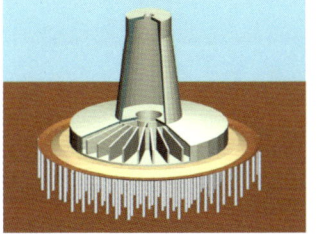

图 5-28　希腊 Rion-Antirion bridge 隔震基础

此外,该桥采用飘浮体系,温度和地面运动引起的桥面纵向位移将不受阻碍,横桥向允许主梁发生横向摆动以减小地震力。每个桥塔设置有 4 只液压阻尼器与主梁连接,可缓冲在大地震时产生的桥面横向运动。

5.4.4　悬索桥抗震概念设计

大跨悬索桥一般承担交通量大,投资很大,在政治、经济上具有非常重要的地位。考虑桥梁重要性和在抗震救灾中的作用,规范要求大跨悬索桥按照甲类桥梁进行抗震设计。即在 E1 地震作用下基本无损伤,结构在弹性范围工作,正常的交通在地震后立刻得以恢复。在 E2 地震作用下,桥梁可发生轻微损坏,地震后不需修复或经简单修复可继续使用。根据锚固形式的不同,悬索桥可分为地锚式、自锚式两种类型。

1) 悬索桥震害

据文献介绍,日本曾有跨度不大的悬索桥在地震中损坏。比如 1923 年的关东大地震中,主跨 90 m 的 Arakawa 桥一个主塔发生断裂。1948 年的福冈地震中,跨度 2×124 m 的 Gosho 桥加劲梁上弦发生屈曲,锚碇移动 20 cm。另有许多地震引起悬索桥局部损伤的例子。但迄今为止,仍没有大跨悬索桥因地震引起严重损伤的报道。然而,这并不意味着既有大跨悬索桥的抗震设计是合理的。一些学者认为,之所以迄今仍未有大跨悬索桥因地震引起的严重损伤,主要原因在于这些有限数目的大跨悬索桥迄今仍未遭受严重的地震激励。另外,也是由于作为重要生命线工程的大跨悬索桥抗震能力一直是重要关注点。

可通过将主要承重结构(如桥塔、桥墩等)设计成具有延性变形能力的结构,从而在地震作用下通过构件耗能,如牺牲部分细部构造,达到避免脆性破坏的目的。经典案例如美国旧金山新海湾大桥塔柱的延性抗震设计。

2) 悬索桥的动力特性

由于悬索桥跨径一般非常大,主要承重构件悬吊系统呈完全柔性,在动力特性方面不同于一般桥梁,表现如下。

(1) 具有远大于一般桥梁结构的超长周期。一般土木结构的周期大多在 2 s 以内,而大跨悬索桥的基本周期通常远超过 5 s。比如跨度 1 285 m 的美国金门大桥,其侧向基本周期达 18 s。主跨 1 385 m 的江阴长江公路悬索桥,其侧向基本周期将近 20 s。主跨 888 m 的虎门悬索桥,其侧向周期将近 11 s。

(2) 悬索桥具有密布的频谱。地震作用下,在一个较宽的频率范围,悬索桥的许多阶振型都可能被激励而产生强烈的振动,这与其他桥梁结构有着较为显著的不同。对于一般工程结构,由于其频谱稀疏及基本周期不长,在采用模态分解法计算中,取前 3~4 阶振型参与分析往往就能获得结构的总体动力响应。但对悬索桥,只取前 3~4 阶振型是远远不够的。例如,某跨度 452 m 的悬索桥初步设计方案,在进行抗震检算时,发现如要比较准确地分析其地震响应,至少应取 30 阶振型参与计算。大跨悬索桥所需要的振型更多。比如日本关门桥,抗震设计所取用的振型数,在竖向与纵向为 60 阶,在侧向也为 60 阶。更多的研究实例表明,对于大跨悬索桥,即使在 30 阶或 40 阶甚至更高阶的情况下,其模态频率仍处在宽带地震激励的有意义的频率范围之内。因此,在计算悬索桥地震响应时,应取尽可能多的振型参与计算。

3) 悬索桥抗震设计要点

从降低地震力的角度来说,悬索桥主梁及主塔宜采用钢结构,可实现结构轻量化,并提高结构延性能力。悬索桥柔度较大,一般情况下,地震力不控制设计,而更应关注地震位移问题。为降低地震位移,减少梁端伸缩缝宽度,可在墩、台顶部增设纵向液压阻尼器。

大跨悬索桥主梁一般采用钢梁。自锚式悬索桥主梁可采用钢梁或混凝土梁。从抗震角度考虑,悬索桥主梁宜采用钢梁。曾有学者针对某悬索桥主梁采用钢梁或混凝土梁的方案进行对比,结果如下:

(1) 从桥体刚度与变形来说,以采用混凝土加劲梁较为优越。但从地震影响来说,由于混凝土加劲梁的梁体自重加大 1.44 倍,故在地震时产生的惯性力也相应增大。

(2) 纵向地震惯性力主要由两个塔墩承受,因此,采用混凝土加劲梁对塔墩的抗震设计极为不利。

(3) 横向地震惯性力首先由加劲梁本身来抵抗,最后也由两个塔墩分担其主要部分。如前所述,混凝土加劲梁本身的横向抗弯刚度虽比钢加劲梁大 37%,但横向地震惯性力的数值却增大 1.44 倍。因此,总的来说,全桥的横向地震能力采用混凝土梁是不利的。

日本之所以至今在修建桥塔时放弃采用混凝土,而坚持在跨度 560 m(大岛大桥)至 1 990 m(明石海峡大桥)的悬索桥中仍采用钢桥塔是出于本国的国情。众所周知,日本是钢材生产大国与地震频繁的地区,尽可能采用钢结构是日本的国策。不仅是悬索桥和斜拉桥的桥塔,就是以一般大跨度桥梁的上部结构而言,也是优先采用与发展钢结构。甚至有些桥梁水中桥墩也采用钢结构,如关西新机场联络桥的海中桥墩与横跨东京湾道路的海中桥墩等。在抗震设计中,由于钢结构轻于混凝土结构,因而在发生地震时因结构物自重产生的惯性力较小。所以采用钢桥塔对抵抗大地震是有效措施之一。另外,由于日本的高度工业化,在钢桥塔的制造和安装架设方面可采用优质的栓焊技术及利用大型浮吊整体施工,从而在一定程度上可加快工期与减少劳力。

4) 悬索桥抗震概念设计实例

(1) 日本彩虹桥抗震设计实例。日本彩虹桥横跨东京港,全长 798 m,跨径布置为 114 m+570 m+114 m,为三跨双铰加劲桁梁式双层桥面钢塔悬索桥,1993 年建成通车。由于加劲桁梁通过竖吊索挂在主缆上,为了防止暴风、地震时桁梁的纵向水平变位过大,在边跨的端部与中跨的中央部分分别设置了节间的斜缆索(stay rope)(见图 5-29)。

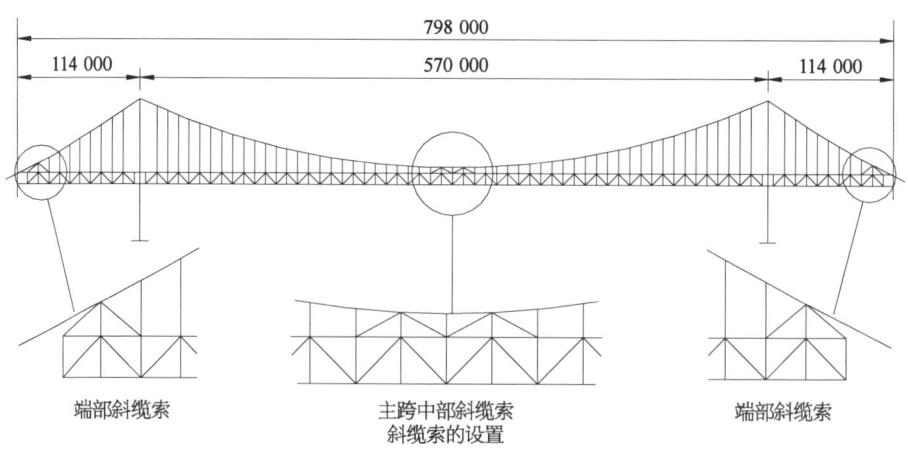

图 5-29 日本彩虹桥斜拉索设置

(2) 旧金山—奥克兰海湾桥东跨。1989 年 Loma Prieta 地震中,原旧金山—奥克兰海湾大桥东段主桥发生落梁,损害情况比较严重,当地政府决定在旧桥旁新建一座桥梁。新建旧金山—奥克兰海湾桥东跨主桥是一座单塔双跨非对称的自锚式悬索桥。该悬索桥跨径布置为 385 m+180 m(见图 5-30)。

大桥抗震风险主要来自 Hayward 断层,位于东部 12 km,可能发生里氏 7.5 级地震,东部 25 km 处的 San Andreas 断层可能发生里氏 8.1 级地震。该

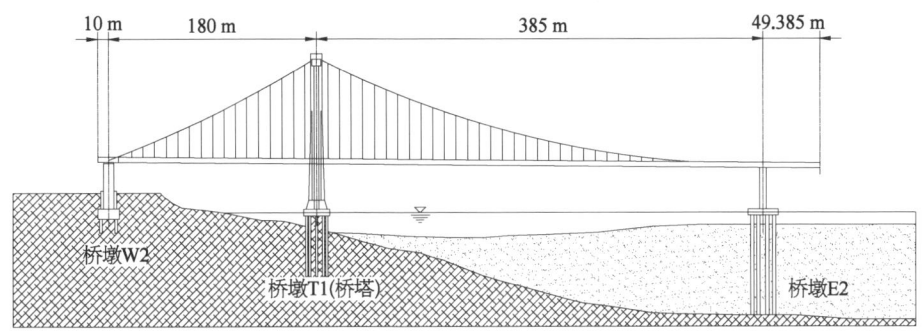

图 5-30　旧金山—奥克兰海湾桥桥型布置图

桥的抗震设防要求很高,要求在重现期为100年的地震作用下进行功能性评价,结构破坏状态不应超过可修复性破坏的极限,应只发生最低程度的破坏,控制在混凝土保护层开裂、加固构件屈服、钢筋有限屈服范围内。并要求在重现期为1 500年的地震作用下进行安全性评价。为满足设计要求,该桥单个主塔分离为4根塔柱,塔柱之间设置了起"保险丝"作用的钢剪切连杆,在重现期1 500年的大震中率先屈服耗能,并延长结构周期,减小结构地震响应,避免桥塔主要承重构件发生塑性破坏(见图 5-31)。

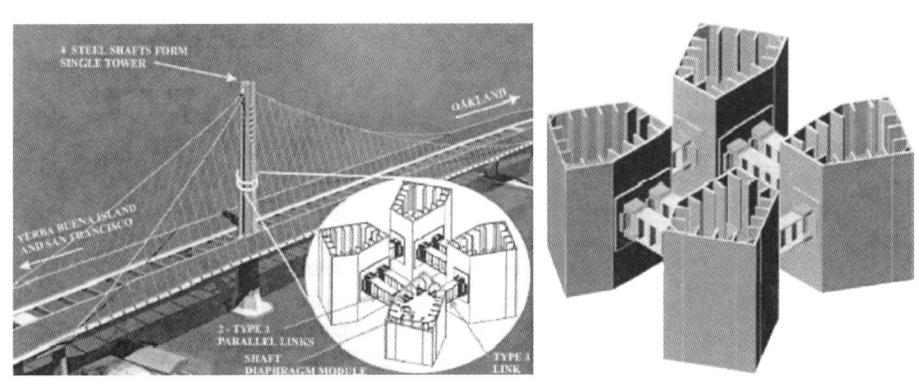

图 5-31　旧金山—奥克兰海湾桥主塔断面

(摘自 https://www.baybridgeinfo.org/)

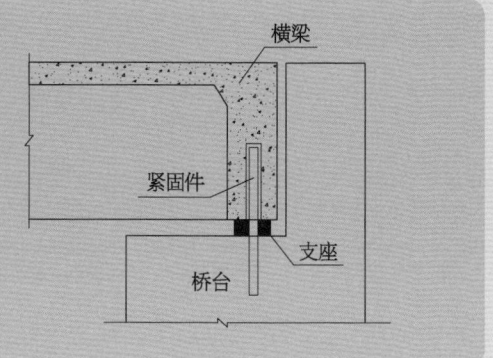
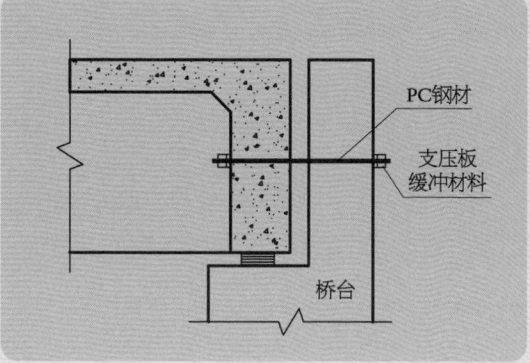

6
防落梁系统

地震时我们会感到巨大的摇晃,这种地震波称为S波。S波是会引起地裂的切变波,也是造成桥梁落梁、结构损毁的最重要原因。规范规定,抗震设计主要以S波为研究对象。由于工程场地可能遭受地震的不确定性,以及人们对桥梁结构地震破坏机制的认识尚不完备,桥梁抗震不能完全依靠定量的计算方法。应同时归纳总结震害经验,对结构和非结构各部分提出细部要求,即需要进行抗震构造措施设计。抗震构造措施一般不需进行复杂的地震作用计算和抗力计算。

日本在1964年新潟地震后发现,只要不发生落梁破坏,震后桥梁都可以设法修复。之后,日本桥梁均设置了防落梁系统。防落梁系统的效果在日本得到了验证,各装置也已被标准化。为防止地震作用下发生桥梁上部结构坠落而设置的构造系统称为防落梁系统。防落梁系统是抗震构造措施的重要组成部分。

6.1 防落梁系统组成及设计流程

6.1.1 防落梁系统组成

防落梁系统可由限位装置、防落梁构造、梁端搭接长度和防落差构造组成(见表6-1)。

表6-1 防落梁系统组成

序号	名称	设置方向	备注
1	限位装置	纵桥向或横桥向	抗震措施的第一道防线
2	防落梁构造	纵桥向或横桥向	抗震措施的第二道防线
3	梁端搭接长度	纵桥向	抗震措施的第三道防线
4	防落差构造	竖向	确保震后桥梁应急使用功能

防落梁系统各组成部分的作用如下:

(1) 限位装置。限位装置,即限制梁与桥墩或梁与桥台间相对位移的构造。限位装置和A类支座(如板式橡胶支座、盆式橡胶支座等)互相补充,以抵抗 E2 地震动产生的惯性力为目的,在支座损伤时,限制上、下部结构间的相对位移。

(2) 防落梁构造。上、下部结构间产生了未预料到的大的相对位移时,防落梁构造能将墩梁相对位移限制于一定范围内,其允许墩梁相对位移不超过梁端有效搭接长度。

(3) 梁端搭接长度。在上、下部结构间产生了未预料到的大的相对位移时,梁端搭接长度能防止落梁发生。

(4) 防落差构造。防落差构造,即防止支座高度较高的支座遭到破坏时,产生使车辆难以在路面行驶的高差。

典型防落梁系统如图 6-1 所示。

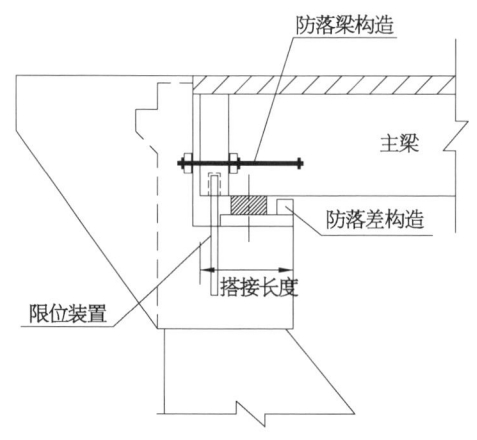

图 6-1 典型防落梁系统

防落梁系统的设置不应影响桥梁的正常使用功能,不应妨碍减隔震装置发挥作用。抗震构造(如限位装置等)措施的设置对桥梁设计地震响应的定量计算结果影响较大时,可能导致计算结果失效。此时,抗震分析应考虑抗震构造措施的影响。桥梁结构地震反应越强烈,就越容易发生落梁等严重破坏现象,构造措施就越重要。因此,处于高烈度区的桥梁需特别重视抗震构造措施设计。

应检验罕遇地震下,桥梁各构件及防落梁系统的工作机制是否符合预期。罕遇地震作用下,合理的桥梁各部位发挥作用的顺序(未列入伸缩缝、护栏等附属构件)为减隔震装置、限位装置、防落梁构造、墩底等设计延性耗能构件(桥台胸墙)、梁端搭接长度(防落差构造)。

6.1.2 防落梁系统设计流程

广义的梁式桥防落梁系统的基本设计流程如图6-2所示。

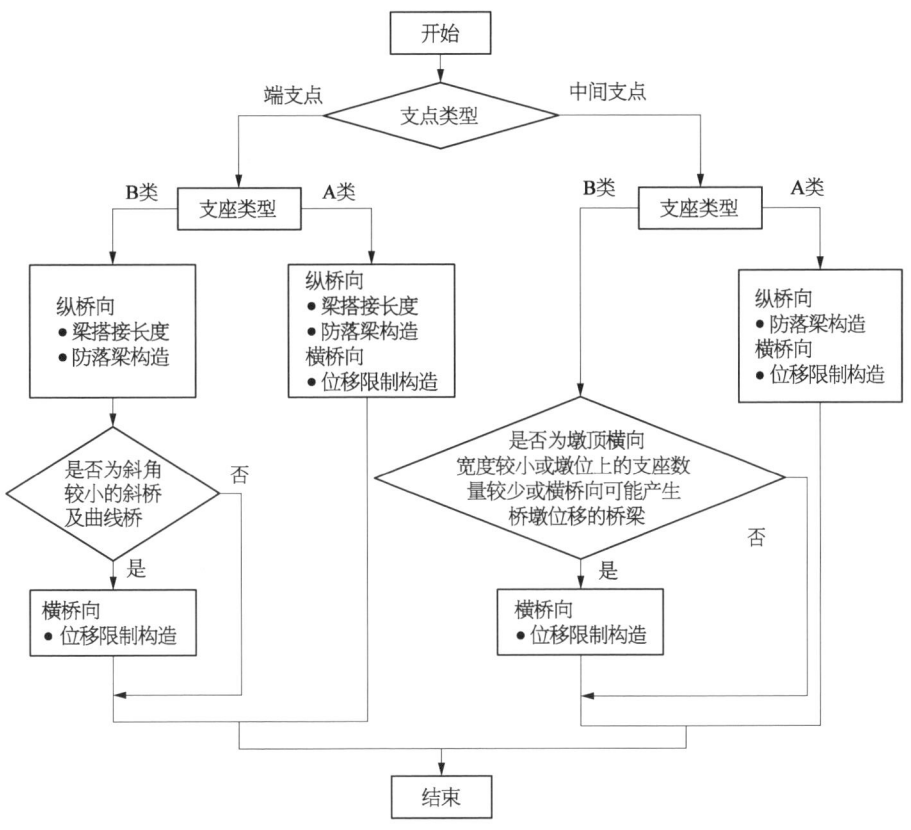

图6-2 梁式桥防落梁系统设计流程

注：1. A类支座定义为需采用限位装置措施以满足上部结构抗震需求的隔震支座，如板式橡胶支座、水平力分散支座等。B类支座定义为在E1、E2地震作用下可产生相应位移，并能满足水平和竖向承载功能的隔震支座，如铅芯橡胶减隔震支座、高阻尼橡胶支座等。

2. 斜角较小的斜桥及曲线桥，应在端支点设置顺桥向防落梁构造，并在横桥向设置限位装置。墩顶横向宽度较小的桥梁、墩位上的支座数量较少的桥梁、由于地基流动在横桥向可能产生桥墩移动的桥梁，应在中间支点处横桥向设置限位装置。

有落梁风险的桥梁结构应设置防落梁系统。应根据桥梁结构形式、支座类型及地基条件等确定防落梁系统组成。根据以往震灾经验，桥梁抗震构造设计应注意以下几点：

(1) 地基可能发生变形的桥梁。地震时，地基的液化和流动、软质黏性土层的滑动等会使地基发生变形。此时,应根据动力时程分析结果设定梁端搭接长度和防落梁构造的强度。

(2) 下部结构的形式、地基条件等显著不同的桥梁。桥梁包含不同形式的下部结构时,或地基条件明显不同而采用同一形式的下部结构时,桥梁地震响应变得复杂。对于该类桥梁,需从方案设计阶段开始考虑构造形式,避免在基础变化位置设置分叉,而宜采用连续构造,应根据动力时程分析结果设定梁端搭接长度。

(3) 相邻上部结构差异明显的桥梁。相邻上部结构的形式和规模明显不同的桥梁、相邻桥梁上部结构的重量比为2倍以上或者两个设计振动单位的自振周期比为1.5倍以上的桥梁,其每个设计振动单位以不同相位振动,可能产生很大的相对位移。这种情况下,应避免使用相邻上部结构间相互联结类型的防落梁系统。除了参考动力时程分析结果外,更应预估梁体间冲撞产生的影响,使梁端搭接长度有所富余。

(4) 高墩桥梁。高墩桥梁固有周期较长,应加大梁端搭接长度。该类桥梁的梁端搭接长度应根据动力时程分析结果确定。

(5) 斜桥及曲线桥。在斜桥中,可能出现地震时上部结构绕竖轴旋转的情况,地震响应复杂。特别是当斜角较小时,上部结构的旋转可能导致其从下部结构的顶部边缘滑落。此外,曲率半径较小的桥梁也会产生上部结构的旋转和向曲线外侧的位移。该类桥梁应结合动力时程分析结果设定梁端搭接长度,在端支点设置顺桥向防落梁构造,并在横桥向设置限位装置。

(6) 墩顶横桥向宽度较小的桥梁(见图6-3)。一旦支座遭到破坏,墩顶横桥向宽度较小的桥梁在横桥向产生落梁的可能性很高,一般应避免采用此类构造。当必须采用时,应根据动力时程分析结果对防落梁系统进行设计。

图6-3 横向宽度较窄的桥梁

(7) 支座数量较少的桥梁。横桥向只设置一个支座的桥梁,一旦支座遭到破坏,上部结构在横桥向产生落梁的可能性很高,应设置纵横向防落梁构造。此外,支座的横向间距相对梁高较小时,即使单个支座线上有2个支座,也应在横桥向设置防落梁构造。

(8) 拱桥、斜拉桥、悬索桥应分别结合桥梁的动力特征,设置适宜的防落梁系统,慎重地研讨如何避免上部结构滑落。

6.2 限位装置

6.2.1 一般规定

限位装置可以是连接上部结构和下部结构的构造,或在上部结构及下部结构配备的凸起构造等。具体构造形式分为紧固杆式、钢角制动器式、混凝土挡块式等(见图6-4)。

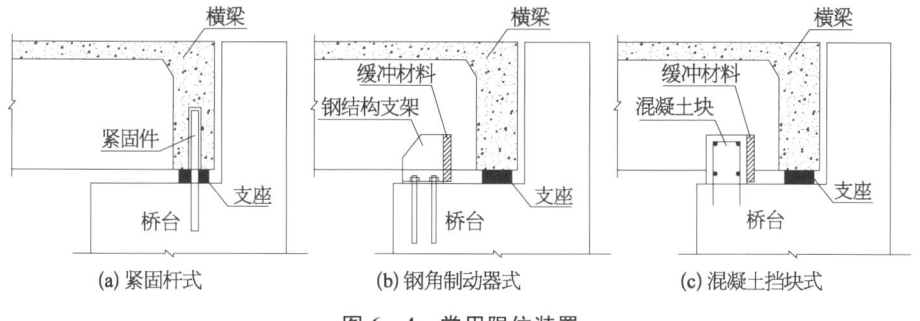

图6-4 常用限位装置

限位装置的实际工程应用案例如图6-5所示。

图6-5 限位装置实例

6.2.2 设计要求

一般来讲,限位装置的间隙越小,地震内力反应越大,而位移反应越小;相反,限位装置的间隙增大,则地震内力反应减小,但位移反应增大。横向和纵向限位装置的使用,应使地震时结构的内力反应和位移反应之间达到某种平衡。另外,限位装置的位移设计应与支座、伸缩缝、防落梁构造等相适应。

1) 设计力

限位装置通过和隔震支座尤其是 A 类隔震支座相互补充,以抵抗 E2 地震力。应当考虑确保限位装置具有与 B 类隔震支座本体相当的水平承载力。因此,应对限位装置的安装部位进行验算,以确保将地震力有效地传递给下部结构。

2) 设计位移

限位装置的纵桥向设计位移量应与支座的变形能力相协调,且限位装置不应限制伸缩缝的正常工作。一些情况下,限位装置可兼有伸缩装置保护罩的功能。此时,限位装置的容许最大位移量不能超过伸缩装置的容许伸缩量。同时,限位装置不应阻碍支座的移动和旋转等功能,不应对支座的维护造成障碍,不应阻碍防落梁构造发挥作用。

限位装置的位移量,须满足式(6-1)的条件。支座受到损伤时,限位装置必须快速发挥作用,不使上下部结构的相对位移量变得过大。因此,限位装置的允许位移量与支座的变形能力大致相同。但是,最好在设计位移量中考虑预留支座的设置误差等的富余量,可根据式(6-2)计算设计位移量。另外,若富余量过大,会产生超过支座变形性能的相对位移,也不能充分发挥限位装置本身的功能。所以,并不是富余量越大越好。正常情况下,限位装置位移量的富余量 L_A 在正侧、负侧方向分别为 15 mm 左右。

$$L_S \geqslant L_{Sd} \qquad (6-1)$$

$$L_{Sd} = L_E + L_A \qquad (6-2)$$

式中 L_S——限位装置的位移量(mm);

L_{Sd}——限位装置的设计位移量(mm);

L_E——E1 地震作用下支座的移动量(mm);

L_A——限位装置位移量的富余量(mm)。

当限位装置兼用伸缩装置保护罩时,设计位移量为支座的移动量,设计位移量满足式(6-1)即可。若位移量超过伸缩装置的容许伸缩量,就会失去作为伸缩装置保护罩的功能。

6.3 防落梁构造

6.3.1 一般规定

防落梁构造一般用于纵桥向防落梁,可在支座破坏后、上下部结构间相对位移达到梁端搭接长度前起作用,其间隙位移不超过梁端搭接长度。防落梁构造应能可靠地将地震力传递给下部结构,并对地震力起到缓冲作用,不应限制正常使用阶段主梁、支座的平移及转动,同时不会对支座维护造成障碍。

防落梁构造一般分为三类:① 连接上部结构和下部结构的构造(包括拉杆式、拉链式);② 在上部结构或下部结构配置凸起的构造(挡块式);③ 上部结构相互连接的构造(即主梁连续化,包括拉杆式、拉链式)。各类防落梁构造如图 6-6 至图 6-8 所示。就主体材料而言,有 PC 钢材、锚固钢筋、阻尼橡胶包铁链、缆索等形式。

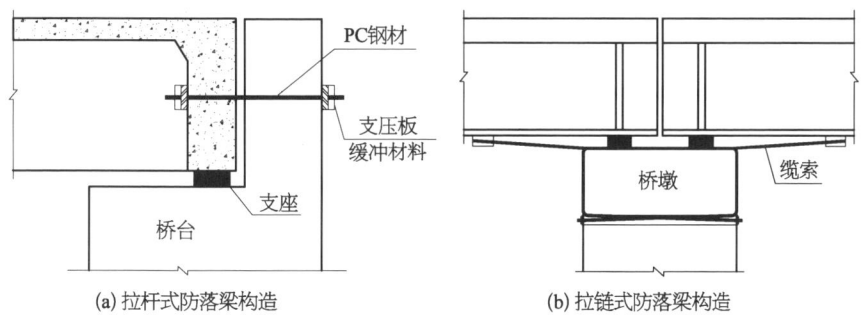

图 6-6 连接上下部结构的防落梁构造示例图

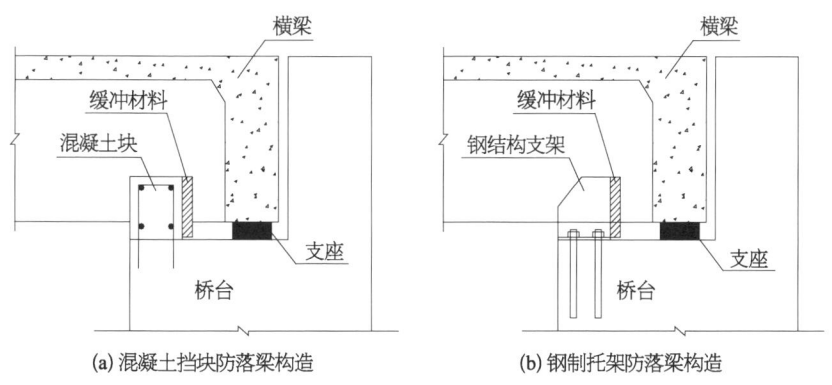

图 6-7 在上下部结构之间设置凸起的防落梁构造示例

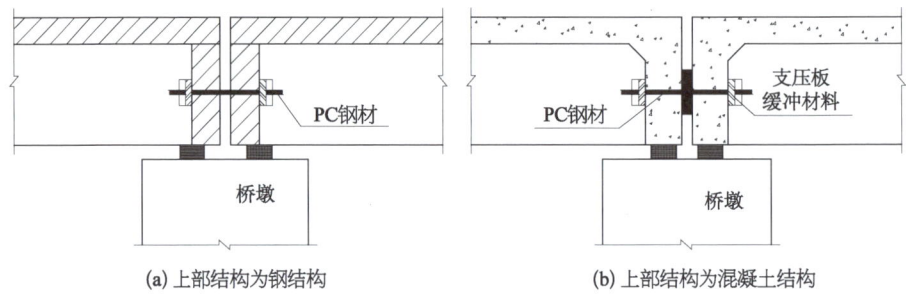

图6-8 上部结构相互连接的防落梁构造示例

具体应用实例如图6-9至图6-11所示。

图6-9 消能(阻尼橡胶包铁链)防落梁构造

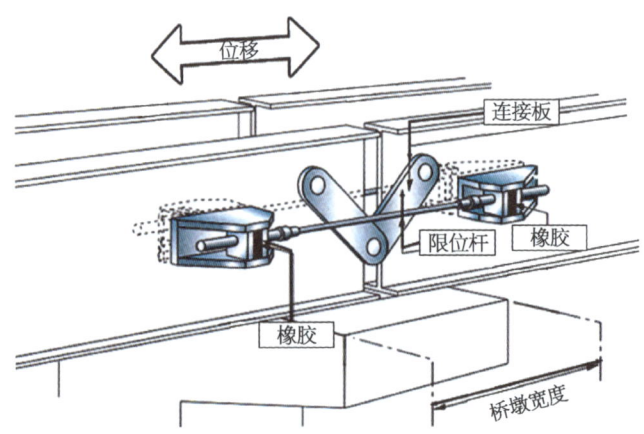

图6-10 主梁的连续化/防落梁构造

防落梁构造不能约束支座在正常使用条件下的移动、转动等功能。此外，使用B类隔震支座时，为了可以最大限度地利用地震时橡胶支座的变形能力，需要确保防落梁构造具有与橡胶的容许剪切变形相当的位移量。

图 6‑11　预应力索防落梁构造

应在桥面连续简支梁桥所有桥墩处均设置防落梁构造，而非仅设置于伸缩缝处。对于既有混凝土桥墩，可通过植筋方式设置混凝土挡块或通过化学锚栓将钢挡块固定于墩顶（盖梁）。

6.3.2　设计要求

防落梁构造的设计地震力及间隙位移量宜根据抗震计算结果确定。调研国外规范，防落梁构造可参考以下要求设计。

（1）防落梁构造允许的相对位移不宜超过下式：

$$SF = 0.75 \times 梁端搭接长度$$

（2）防落梁混凝土挡块设计力。

采用植筋浇筑施工方式新设的混凝土挡块，应考虑恒载的 1.5 倍作为荷载作用于混凝土挡块，即挡块抗剪能力需满足 $V_n \geqslant 1.5R_d$（R_d 为支座恒载支反力；V_n 为挡块抗剪能力）。

（3）防落梁拉杆、拉索。

新设的拉杆或拉索设计力应不小于支座恒载反力 R_d 的 1.5 倍，即满足下式：

$$n \times F \geqslant 1.5R_d$$

式中　$F = \sigma_y \times A$ ——每根拉杆或钢索的设计力；

　　　$n = 1.5R_d / F$ ——新设拉杆或拉索的根数；

　　　R_d ——支座恒载支反力；

σ_y——拉杆或钢索屈服应力；

A——单根拉杆或拉索的面积。

在使用 A 类隔震支座的抗震设计中，宜同时设置防落梁构造和限位装置，并使二者独立发挥作用。限位装置和防落梁构造在地震时所发挥的作用不同，装置开始发挥作用的位移量和时期也不相同。二者同时设置时，必须充分考虑限位装置的设置位置，确保限位装置不妨碍防落梁构造功能的发挥。

6.4 梁端搭接长度

梁端搭接长度，即设计合龙状态下梁端至墩、台帽或盖梁边缘的最小距离（见图 6-12）。梁端搭接长度与跨长、地震烈度、场地特性、墩高等因素有关，现行规范对此有详细的规定。

图 6-12 梁端搭接长度示意图

在桥墩顶部浇注支承垫石，支承垫石上放置板式橡胶支座是我国桥梁通常采用的方法。需要注意的是，采用支承垫石后，梁体与支承垫石的搭接长度可能小于与桥墩的搭接长度。当地震作用下，梁体的位移超过支承垫石后，垫石会阻碍主梁的回复运动，导致有效的梁端搭接长度减小，落梁风险大大增加。为避免可能发生的地震时限制梁体往复运动的状况，最大限度利用梁端搭接长度，桥墩边缘应与支座垫石边缘对齐（见图 6-13）。《公路桥梁抗震设计规范》(JTG/T 2231-01—2020)新增规定，过渡墩及桥台处的支座垫石顺桥向宜与墩、台最外边缘平齐。

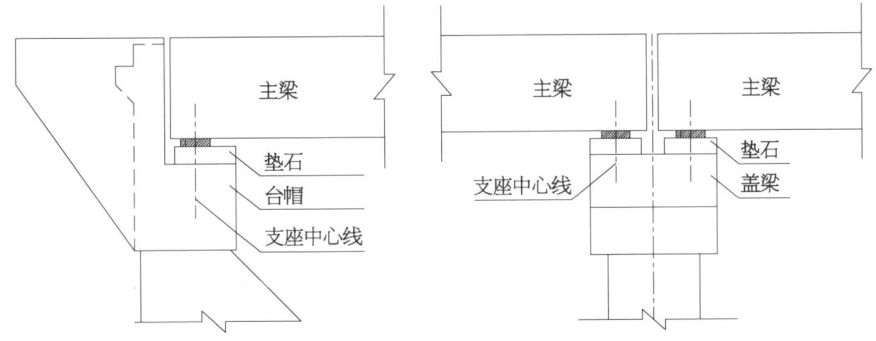

图 6-13 支座垫石示意图

支座受到破坏后,桥墩或盖梁易发生剪切破坏,应加强桥墩或盖梁的抗剪切破坏能力(下颚抗碎裂),如图 6-14 所示。

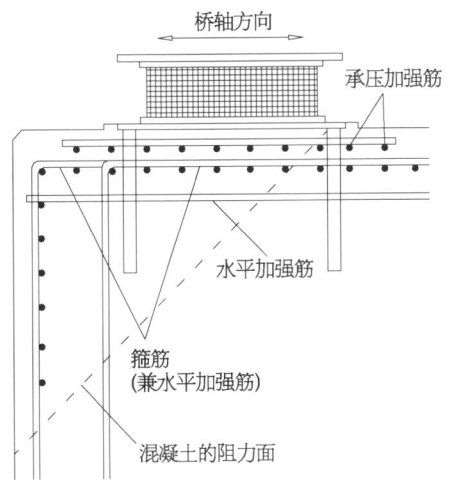

图 6-14 墩柱局部加强图

当既有桥梁状况无法满足设置防落梁构造的要求时,梁端搭接长度应增加至最小搭接长度的 1.2 倍以上,但不需超过 1.5 倍。

6.5 防落差构造

发生大地震后,为保证应急车辆通行,应限制支座损伤后产生的路面高差,对确保生命线工程的畅通非常重要。通常,在地震发生后,路面的下沉量若在 5~10 cm 以下,不会给应急车辆的通行造成致命影响。因此,防落差构造的支撑面与梁体之间的缝隙在此范围内即可,应根据路线特点制定路面下沉量的限制值。

地震时,较高支座损伤后,可能导致梁体从支座顶面滑落,进而在路面产生较大(数十厘米)的高差,对震后的应急车辆通行和交通保障造成障碍。因此,处于重要交通网络中的桥梁,在使用较高支座时,应设置高差限制构造。支座损坏后,高差限制构造应能支承上部结构于适当高度,不使桥面产生过大高差。

防落差构造可采用支架或台座的方式(预留橡胶支座或设置混凝土台座)设置于桥墩盖梁或桥台上(见图 6-15),以便梁体脱离支座后能被其支撑。一般隔震橡胶支座的高度较小,而支座的平面尺寸较大,即使支座发生损伤,也不会在路面产生较大的高差,此时,无须采用高差限制构造。另外,当防落梁构造或限位装置能够支承桥梁上部结构时,也不需另行设置防落差构造。

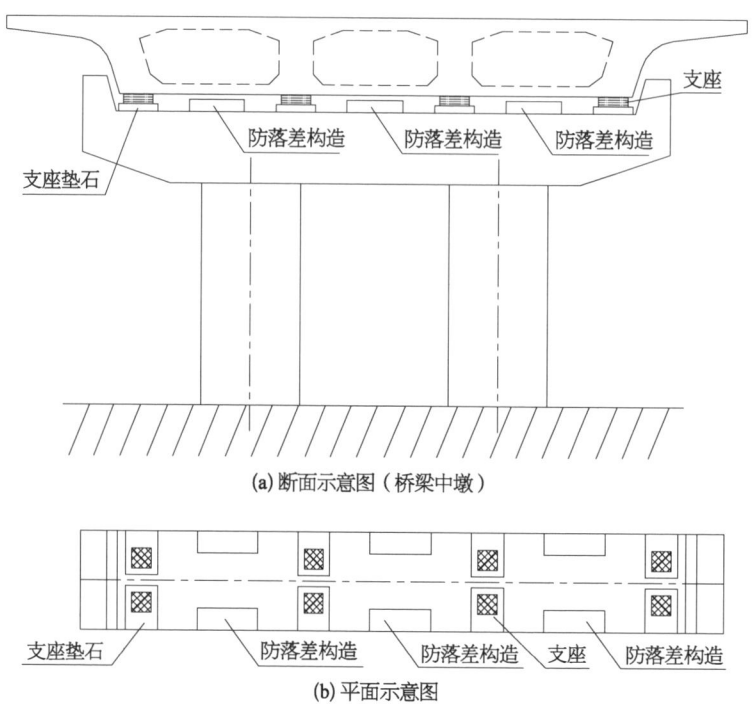

图 6-15 防落差构造

桥头搭板是用于防止桥端连接部分的沉降而采取的措施。桥头搭板(见图 6-16)搁置在桥台或悬臂梁板端部和填土之间,随着填土的沉降而能够转动。车辆行驶时可起到缓冲作用,即使台背填土沉降,也不至于产生凹凸不平。地震发生时,桥台背后的填土可能下沉,形成一个大的坡道,而使桥梁无法通行。此时,桥头搭板有助于应急车辆的通行。该种情况下,应验算桥头搭板下悬空时的搭板承载力。

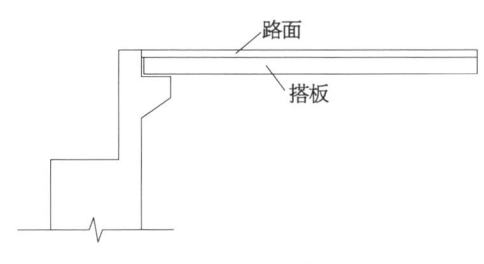

图 6-16 桥头搭板

再者,连接墩两侧梁高不同,导致同一墩位墩顶高差较大时,地震作用下,可能导致梁、墩碰撞,导致墩梁损伤。此时,梁高较小的主梁应采用逐步加高的方式过渡,使墩位处两侧主梁高度相同,以统一墩顶高度(见图 6-17)。

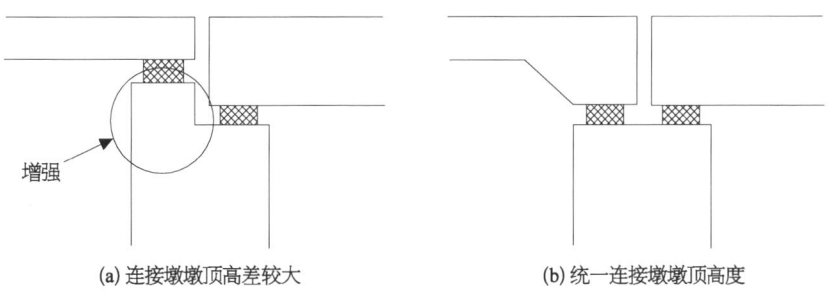

(a) 连接墩墩顶高差较大 　　　　　(b) 统一连接墩墩顶高度

图 6-17 过渡墩防落差措施

7
既有桥梁抗震性能提升

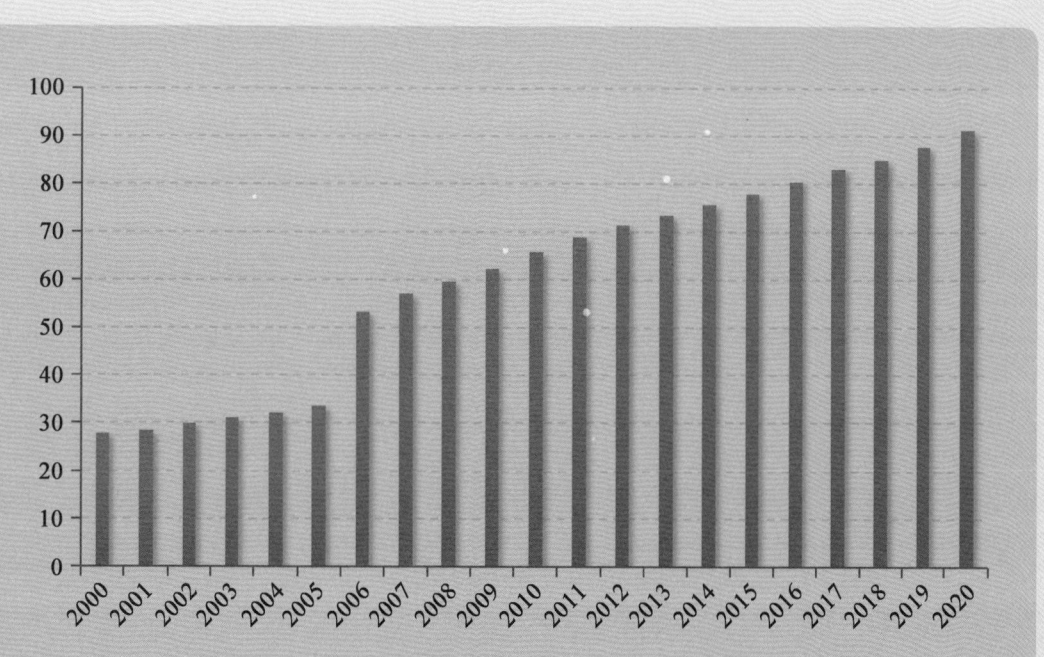

7 既有桥梁抗震性能提升

在20世纪七八十年代,美、日等国就开展了既有桥梁抗震性能提升方面的研究,并进行了大量桥梁抗震加固试验和数值分析,在桥墩加固和防落梁措施方面取得大量研究成果,并编制了相应的桥梁抗震加固手册或指南。近20年,我国学者也开始对桥梁的抗震加固理论和技术进行研究,成果应用于相关桥梁加固规范或指南。

桥梁抗震加固设计通常考虑两方面:一是对既有桥梁进行抗震能力评价,识别地震易损部位或构件,进而按照详细地震分析结果判定失效或损伤的危险程度,以及是否需要加固。这个决定通常来说是相对的,取决于与其他待加固桥梁重要性及急迫性的对比,以及相关的经济费用。二是加固方案的确定及相应的加固分析设计、计算,即选取最经济、有效的加固方案。

7.1 既有桥梁抗震性能提升的必要性

近20年,我国桥梁建设规模得到快速发展。以公路桥梁为例,从2000年的27.87万座、1 031.2万 m,增加到2020年的91.28万座、6 628.55万 m。尤其是从2006年以来,桥梁建设进入加速期,公路桥梁总数量和总里程快速增加(见图7-1)。

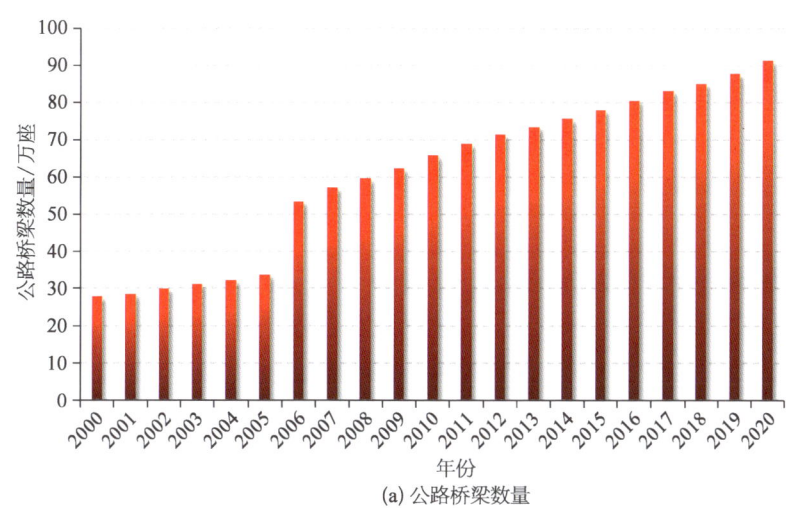

(a) 公路桥梁数量

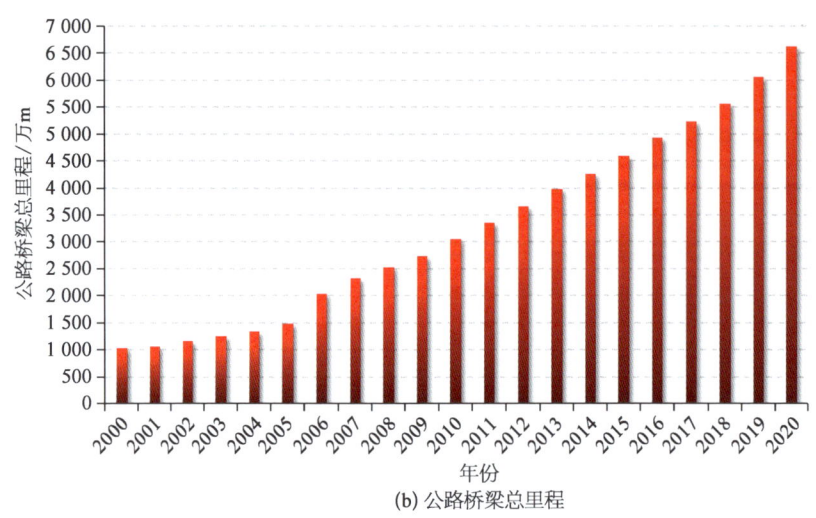

(b) 公路桥梁总里程

图 7-1 我国公路桥梁总体规模
(根据《交通运输行业发展统计公报》)

新中国成立至今,我国先后颁布 5 部公路及市政相关桥梁抗震设计规范:
(1)《公路工程抗震设计规范(试行)》,1977 年颁发,简称"77 规范"。
(2)《公路工程抗震设计规范》(JTJ 004—89),简称"89 规范"。
(3)《公路桥梁抗震设计细则》(JTG/T B02-01—2008),简称"08 细则"。
(4)《城市桥梁抗震设计规范》(CJJ 166—2011),简称"11 规范"。
(5)《公路桥梁抗震设计规范》(JTG/T 2231-01—2020),简称"20 规范"。

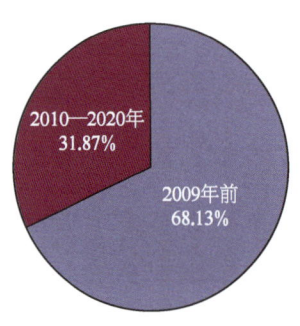

图 7-2
《公路桥梁抗震设计细则》
实施前后桥梁数量对比

《公路桥梁抗震设计细则》实施前,我国建造并运营的公路桥梁总数约占当前既有公路桥梁总数的 68%(见图 7-2)。该部分桥梁依据《公路工程抗震设计规范》(JTJ 004—89)或更早期的规范进行抗震设计。受技术和发展水平的限制,存在抗震性能不足的问题,体现在以下几个方面。

1) 单纯依靠强度抗震设防

《公路工程抗震设计规范》(JTJ 004—89)规定,位于 7 度及 7 度以上地震区的新建桥梁,均需要进行抗震设计。但此处规定的抗震设计仅是设计地震作用下结构的常规强度验算,基本没有与结构位移和延性有关的设计过程。对荷载已经预先明确的静力设计而言,把强度作为单一控制指标的设计方法

是合理的。但用于抗震设计,则存在以下基本缺陷:

(1) 地震动是完全随机的,无法准确预知某一地区未来发生的地震动水平。事实上,地震实践也已反复证明,实际发生的地震动水平可能远远超过设计预期的地震动水平。

(2) 出于经济方面的考虑,允许普通桥梁在设计预期的大震下出现一定程度的破坏。因此,量多面广的普通桥梁在其设计预期的大震作用下毫无强度储备。这种设计方法的基本缺陷已经多次被早期的桥梁震害现象所反复证明。

北岭地震、阪神地震、汶川地震等一再表明,桥梁可能遭受到设计地震加速度2倍以上甚至更大的地面运动加速度。仅进行强度控制的桥梁,无法抵御如此巨大的地震作用,破坏严重。因此,单纯依靠强度抗震设防的原则是我国早期桥梁抗震设计中存在的最主要问题。

2) 综合影响系数的问题

《公路工程抗震设计规范》(JTJ 004—89)采用综合影响系数 C_z 反应结构弹塑性地震反应、计算图式简化、结构阻尼以及几何非线性等因素的综合影响,通过综合影响系数 C_z 对弹性地震力进行折减。其取值主要来自震害经验,存在物理含义模糊不清、无理论依据等问题。"综合影响系数"概念掩盖了对桥梁结构位移延性的内在要求,造成我国早期桥梁抗震设计力大大折减,同时又缺乏具体措施来保证这种折减。

另外,《中国地震动参数区划图》(GB 18306—2015)颁布以后,众多区域抗震设防烈度提升,并在规范层面取消了无震区,直接导致大批既有桥梁设计地震力大幅增加。我国基建行业长期以来重建设、轻管养,加之大震发生的概率相对较低,既有桥梁的抗震问题长期得不到重视。

由此可见,占据交通路网主体的既有桥梁,抗震能力不足的问题突出。2021年5月,国务院常务会议通过《建设工程抗震管理条例(草案)》,明确建设工程抗震设防达标要求,规范已建工程抗震鉴定、加固和维护,加强农村建设工程抗震设防。为了提高我国公路、城市交通网的抗震能力,需从路网结点生命线、路网设防标准等多个角度加强研究,特别是做好既有路网中枢工程——桥梁结构的抗震能力评价,并对影响路网抗震能力的桥梁采取必要的抗震加固措施,提高路网的抗震减灾设防水平,对于高烈度区的路网尤其重要。既有桥梁抗震性能提升是韧性城市建设的必要组成部分,具有必要性和迫切性。

另外,桥梁抗倾覆安全性不足的问题也存在于部分既有桥梁中,桥梁结构倾覆失稳是突发性、灾难性的,应绝对避免,且不宜早于结构延性抗弯破坏。一些情况下,桥梁抗震性能提升有必要与抗倾覆性能提升合并实施,以节约成本。

7.2 既有桥梁抗震性能的评估

对既有桥梁进行抗震性能评估,以明确其是否满足现行抗震设防要求,进而为桥梁抗震加固决策提供参考,可参考以下步骤进行:

(1) 查阅桥梁的基础资料和使用状况,确定对应不同地震设防水准的桥梁预期抗震性能目标。

(2) 分析既有桥梁的典型震害原因、抗震易损部位和构件,针对其抗震易损特点,明确加固原则。

(3) 从桥梁结构体系的角度出发,研究探讨有效的抗震加固方法和措施。

(4) 对加固后的桥梁进行抗震性能再评价,明确桥梁结构的未来使用状态,为基于经济性的决策提供支撑。

7.2.1 抗震性能评估的对象

既有桥梁是否需要进行抗震性能评估和加固,应结合多种情况决定。抗震性能评估的对象一般包括以下六类:

(1) 震后需要进行修复或加固的桥梁。

(2) 不能满足现行抗震规范要求的桥梁,如区域抗震设防烈度提高或抗震规范修订。

(3) 接近或超过设计使用年限需要继续使用,且后续使用年限大于 15 年的桥梁。

(4) 自然灾害造成桥梁使用环境明显改变(如基础冲刷严重等)的桥梁。

(5) 因超载、碰撞等因素引起结构损伤,抗震性能明显降低的桥梁。

(6) 其他业主认为有必要进行抗震性能评价的桥梁。

7.2.2 桥梁状况调查

对既有桥梁进行抗震性能评价前,应首先收集桥梁设计资料、竣工资料、工程地质资料、桥梁加固改造资料、事故处理资料、检查测试资料等;审查桥梁原始施工资料、质量验收评定记录等相关施工情况;调查桥梁运营以来承受的作用情况、维修保养情况等。

明确桥梁的抗震设防烈度、基础及场地特征,包括砂土液化的可能性、场地土类型、冲刷深度、河床变化情况等。

7.2.3 桥梁抗震性能目标

既有桥梁的抗震性能评估,需明确桥梁设计阶段、加固阶段分别对应的设防标准及抗震性能目标。各时期建造的桥梁遵循的规范不同,对应的抗震设防标准和抗震设防性能目标也不同。

《公路工程抗震设计规范》(JTJ 004—89)规定,设计地震作用下,位于一般地段的高速公路、一级公路工程,经一般整修即可正常使用;位于一般地段的二级公路工程及位于软弱黏性土层或液化土层上的高速公路、一级公路工程,经短期抢修即可恢复使用;三级、四级公路工程和位于抗震危险地段、软弱黏性土层或液化土层上的二级公路,以及位于抗震危险地段的高速公路、一级公路工程,保证桥梁、隧道及重要的构筑物不发生严重破坏。

为确保重点和节约投资,《公路桥梁抗震设计规范》(JTG/T 2231‑01—2020)将公路桥梁分为 A 类、B 类、C 类和 D 类四个抗震设防类别,A 类抗震设防要求和类别最高,B 类、C 类和 D 类抗震设防类别依次降低。根据桥梁抗震设防分类及地震作用,规定不同的震后使用要求及损伤状态,见表 7‑1。

表 7‑1 《公路桥梁抗震设计规范》(JTG/T 2231‑01—2020)桥梁抗震设防目标

桥梁抗震设防类别	设防目标			
	E1 地震作用		E2 地震作用	
	震后使用要求	损伤状态	震后使用要求	损伤状态
A 类	可正常使用	结构总体反应在弹性范围,基本无损伤	不需修复或经简单修复可正常使用	可发生局部轻微损伤
B 类	可正常使用	结构总体反应在弹性范围,基本无损伤	经临时加固后可供维持应急交通使用	不致倒塌或产生严重结构损伤
C 类	可正常使用	结构总体反应在弹性范围,基本无损伤	经临时加固后可供维持应急交通使用	不致倒塌或产生严重结构损伤
D 类	可正常使用	结构总体反应在弹性范围,基本无损伤	—	—

注:B 类、C 类中的斜拉桥和悬索桥及减隔震设计的桥梁,其抗震设防目标应按 A 类桥梁要求执行。

7.2.4 桥梁抗震性能评估分类

桥梁抗震性能评估是进行抗震加固的前提和基础,其目的是确定桥梁在地震作用下的风险程度。桥梁的抗震性能评估大致可以分为桥梁震后紧急抗震评估、桥梁加固前初步抗震评估、桥梁加固前详细抗震评估、桥梁加固后详细抗震评估四类。各类抗震性能评估的特点及目的见表7-2。

表7-2 桥梁抗震性能评估分类

序号	类别	特点	目的
1	桥梁震后紧急抗震评估	短时间内,对大面积桥梁结构给出定性的评价	便于震后紧急交通快速恢复
2	桥梁加固前初步抗震评估	时间要求相对宽松,需要对大面积桥梁结构进行关键指标的量化评价,确定桥梁结构优先加固等级	供政府部门在大面积交通环境中进行决策,制定宏观加固策略
3	桥梁加固前详细抗震评估	时间要求相对宽松,旨在对桥梁结构的技术现况进行准确完整了解的基础上,进行定量的性能评价,探讨具体加固方案的可实施性	便于采取切实可行的加固策略进行抗震加固
4	桥梁加固后详细抗震评估	根据加固后桥梁结构的技术状况进行定量的分析	判断其是否达到预定的抗震性能目标

应根据所掌握的资料,通过与现行抗震设防标准的比较,以及桥梁各部位外观情况的检查等,确定待评价桥梁的抗震性能水平。桥梁抗震性能的初步评估应在一般调查的基础上进行,内容包括:

(1) 桥梁抗震设防标准与现行标准的比较。
(2) 桥墩、桥台等基础地质情况及冲刷深度、河床变化情况。
(3) 桥墩、桥台有无裂缝、露筋等病害情况。
(4) 梁体是否出现裂缝、局部损伤等不良情况。
(5) 抗震构造措施包括防落梁构造、限位装置、连续构造及其他构造措施的评价等。

桥梁抗震加固前后的详细抗震评估可选用能力需求比法、能力谱方法,以及基于概率理论的抗震性能评估方法。

7.3 既有桥梁抗震性能提升方法

桥梁抗震加固的目的是避免震时桥梁坍塌,并将损伤、破坏控制在一定范围内。既有桥梁抗震性能提升主要有两种途径:① 直接增加桥梁构件的抗震能力,使加固后的结构具备足够的强度以抵抗地震力。比如基础加固中的增补桩基法,桥墩加固中的外包混凝土、粘贴钢板或纤维布方法等。② 降低桥梁结构的地震反应,使现有结构的强度能够抵抗地震作用。比如将现有支座替换为减隔震支座,即桥梁减隔震化方法。

1) 下部结构抗震加固方法

下部结构加固主要包括对墩柱、盖梁、基础等部位的加固。既有桥梁大多采用上部弹性结构和下部延性结构的抗震体系,墩柱的抗弯能力和延性能力是桥梁抗震的关键。对于墩柱抗弯能力、延性能力不足,可以采用钢套管、复合材料、钢筋混凝土,以及增大截面面积、设置预应力钢绞线等加固方法来实现。

2) 桥梁减隔震化方法

当桥位场地较为坚硬、桥梁自振周期较短、桥梁上部体系为连续梁或多跨简支梁时,或其他适宜采用减隔震技术的情况,可尝试将原有支座替换为减隔震支座,或增加阻尼耗能装置,以降低结构地震响应,避免下部结构加固。这是本章讨论的重点。

此外,梁体连接法等防落梁措施已被证实可有效降低落梁震害的发生,也是本章讨论的重点。

7.3.1 桥梁抗震加固原则

1) 加固原则

我国既有桥梁存在的地震易损特点分析表明,相当多的既有桥梁同时存在桥墩、基础和支座、盖梁等构件抗震能力不足的问题。因此,仅仅从构件角度进行抗震加固,虽然可以提高桥梁的抗震能力,但存在花费大、效率低、加固耗时多等缺点,且加固时不可避免会影响桥梁的正常使用。基于这些原因并结合当前桥梁抗震评估加固的研究成果,建议采用如下桥梁抗震加固原则。

(1) 从体系抗震加固角度出发,依据识别的抗震薄弱部位或构件,讨论经济有效的加固方案。从提高桥梁各构件的抗震能力(延性设计)和降低桥梁结构的地震需求(减隔震设计)两方面出发,探讨各种可能的有效加固方案。

(2) 在体系抗震加固方案比选的基础上,针对典型构件抗震能力的不足进行加固方案比选。构件加固方案的确定需同时考虑桥梁正常使用条件的限制。

应根据待加固桥梁的结构形式,基于可行性和经济性的考量,针对薄弱环节,采取挡、联、固等加固措施,达到提高桥梁抗震能力的目的。

2) 美国华盛顿州桥梁抗震加固案例

美国的公路网主要建造于20世纪60—70年代,当时的桥梁设计规范未包括地震荷载。因此,大多数公路桥梁都不具备抵抗强烈地震的能力,需按照新的抗震要求进行加固维修。以华盛顿州为例,需要对上千座公路桥梁进行抗震加固,平均每座桥用于抗震维修的经费不足20万美元。为解决"僧多粥少"的问题,华盛顿州制定了一个抗震维修计划,按轻重缓急的原则,用十分有限的经费,抢在大地震之前,最大限度地提升桥梁的抗震能力,具体如下:

(1) 抓重点,优先加固影响国计民生的关键桥梁。实施加固前,首先进行桥梁重要性分析和排序,选出25座地震危险区的重要桥梁作为抗震加固的重点。这些桥梁不仅规模大、造价高,而且一旦在地震中受到损伤,还会对全州的交通运输和经济发展造成重大影响。

加固工作开始前,为探索桥梁地震灾害的分析研究经验,又从这25座重要桥梁中选出3座作为先行试点。这3座试点桥梁包括一座大型悬索桥、一座大型双层钢桁架桥和一座受海水潮汐影响的大型预应力混凝土浮桥。这三座桥的地震灾害分析均由美国著名的大型私人公司完成,桥梁技术专家负责监督和指导。

华盛顿州的公路桥梁抗震维修计划规定,25座重要桥梁的地震灾害分析报告中,需要对桥梁在地震中可能发生的灾害形式做出分析,给出抗震加固的具体建议,包括可行的施工方法、抗震维修造价估算等。考虑到桥梁抗震经费的限制,这些桥梁的抗震加固只针对地面以上的主梁、墩柱等结构。由于基础结构埋在地下,抗震加固十分复杂,施工费用很高,抗震维修计划暂不考虑做基础结构的加固。

(2) 花小钱就能解决大问题的抗震加固项目优先进行。早期建造的桥梁梁端搭接长度不足的状况比较普遍,当主梁在地震中的水平位移过大时,主梁的一端滑出支撑面,造成整跨塌落。解决桥跨坍塌最经济有效的方案,便是使用纵向地震限位器。地震限位器的成本很低,施工也只限于桥梁的上部结构,简单易行,是花钱少、效果显著的抗震方法。

7.3.2 桥梁减隔震化方法

桥梁减隔震化方法包含隔震、减震、地震力分散等思想,主要通过增大桥梁自振周期、增大结构阻尼、转换约束体系3种方式实现。

1)增大结构自振周期,减小地震输入

当结构自振周期超过临界值时,随着自振周期的增大,结构的反应加速度逐渐减小(见图7-3),即地震惯性力减小,同时结构的地震位移响应增大。若结构的自振频率与地震卓越频率相近,则容易引发共振,导致结构的地震响应放大。采用减隔震装置,增大结构自振周期,使结构的自振频率与地震卓越频率相差较大,远离共振区域,降低结构的地震反应。

现阶段通常采用柔性支撑的方式降低结构自振频率,只需要将原来的普通支座替换成减隔震支座即可。

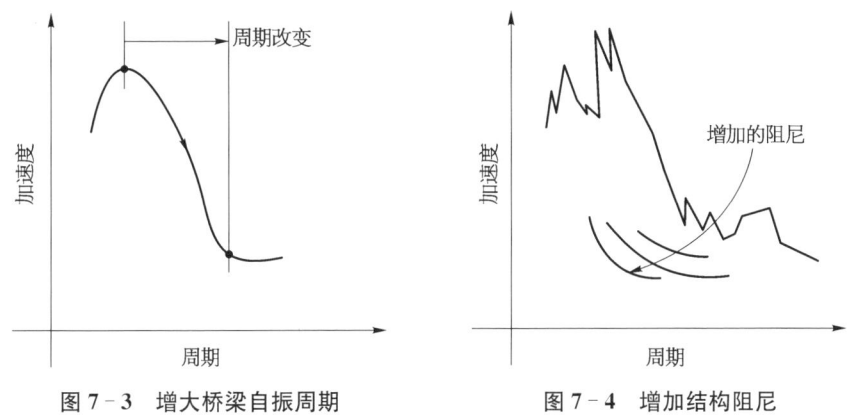

图7-3 增大桥梁自振周期 图7-4 增加结构阻尼

2)增大结构阻尼,耗散地震能量

结构阻尼增大,结构在地震反应下的加速度响应会减小(见图7-4),位移响应也会变小。即增大结构阻尼,可同时减小地震惯性力和位移响应。阻尼装置通过阻尼材料的大幅度变形、摩擦等方式消耗地震能量。

一般来说,地震波频谱特性变化较大,隔震装置不是对所有频率的地震波都有较好的隔震作用,而只是对其中一小部分频率的地震波起作用。而阻尼器对所有频谱的地震波都可以起作用,应用范围更加广泛。

3)转变约束体系,以分散地震水平力

连续梁桥一般采用固定支座和滑动支座约束。地震水平作用力主要由固定墩承担,易造成固定墩损毁,不利于发挥桥梁整体抗震能力。如果全桥采用减隔震支座,则可根据支座和下部结构的刚度合理分配地震力,使所有桥墩协同抗震,有效改善桥梁的受力性能。

例如,当桥梁所处场地较坚硬,下部结构基本振动周期较短,且上部结构为连续梁或多跨桥面连续简支梁(或通过上部主梁连续化加固)时,可将原支座全部更换为隔震支座,从体系角度全面提升桥梁结构抗震能力,实现桥墩、基础无须加固的目的(见图7-5)。

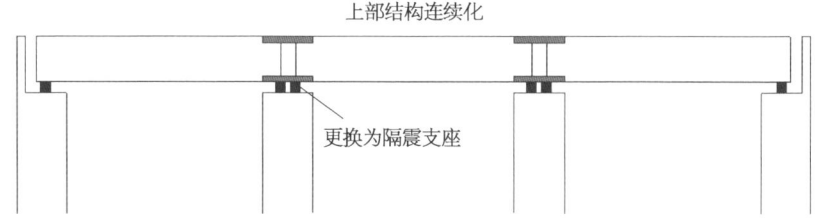

图7-5　上部结构连续化并用隔震支座

对场地存在液化可能性、下部结构振动周期较长、支座可能受拉、场地软弱可能导致共振等条件下,不宜采用隔震方案,但可尝试通过增设阻尼装置进行减震加固。

7.3.3　防落梁措施加固方法

采取防落梁措施的目的是防止震时梁体从下部结构掉落。在构造措施上,通过足够的梁端搭接长度、防落梁构造、限位装置等多重组合设置加以实现,具体如下:

(1)对于满足E2地震设防水准的桥梁,如果墩台构造允许其设置足够长的防落梁长度(即1.2~1.5倍最小梁端搭接长度),则可不设置防落梁构造。

(2)对于满足E2地震设防水准的桥梁,如果墩台上的防落梁长度仅满足主梁和桥墩(桥台)最小搭接长度要求,则需设置防落梁构造。

(3)如果桥梁所设支座仅满足E1地震设防水准要求,则需在满足梁、墩(台)最小搭接长度的条件下,同时设置限位装置和防落梁构造。

对于既有桥梁的防落梁加固,需结合上述要求和桥梁状况设置防落梁措施。

(1)当既有桥梁的防落梁长度不足时,可于混凝土桥墩侧面采用混凝土扩座或设置钢托架等方式增加搭接长度。

(2) 防落梁构造类型有混凝土挡块、钢挡块、拉杆、钢索、锁链等。其作用是保证当下部结构或支座遭受破坏、上下部结构间发生无法预期的巨大相对变位的情况下,于相对变位达到梁端搭接长度之前发挥防落梁的功能,避免落梁震害。

(3) 限位装置的作用是抵抗 E2 地震作用下的惯性力,限制梁墩相对位移于一定范围内。其形式一般可分为与支座结合的构造、混凝土或钢挡块、剪力钢棒或剪力钢箱等装置。

挡块可设置在盖梁上方或侧面,对于混凝土桥墩,可以通过植筋方式设置混凝土挡块,或通过化学锚栓将钢挡块固定于盖梁。钢桥墩通常采用钢挡块,并采用现场焊接或高强螺栓固定于盖梁,挡块与上部结构接触面之间应设置缓冲垫块(如橡胶垫)以缓冲地震时的碰撞力。

既有桥梁增加梁端搭接长度、增设挡块、增设拉索等防落梁措施案例如图 7-6 所示。

(a) 增加梁端搭接长度

(b) 增设挡块

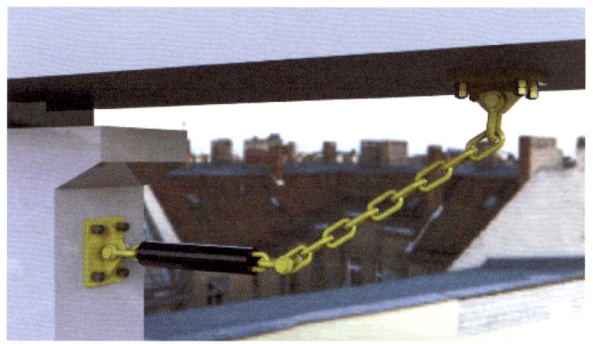
(c) 增设拉索

图 7-6 防落梁措施

8
桥梁抗震设计的发展趋势

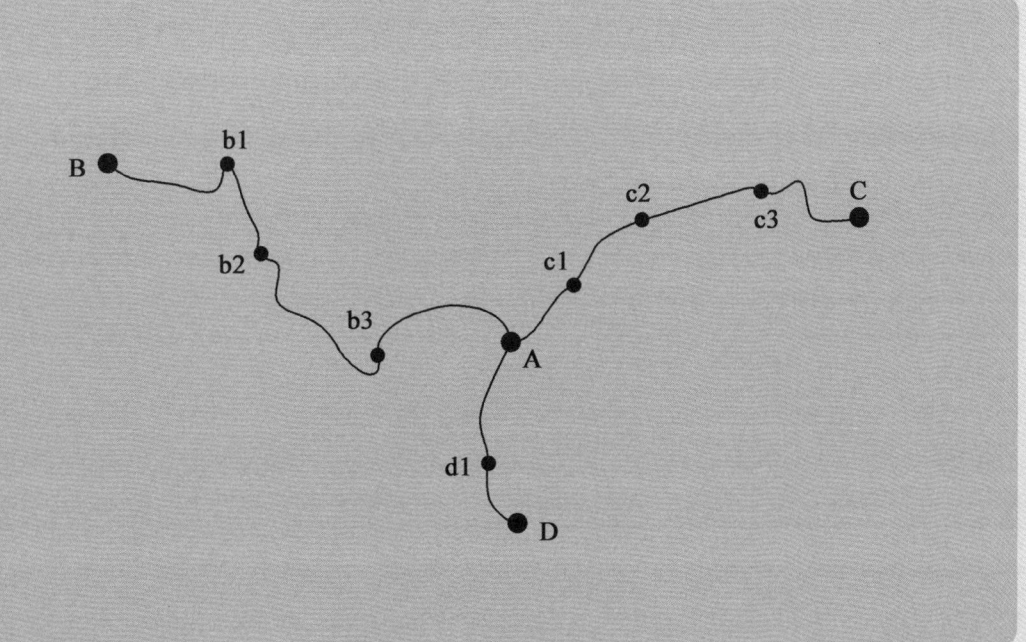

8 桥梁抗震设计的发展趋势

城市是人口聚集地,随着经济、社会的发展,人们对美好生活向往的同时,对城市有了更高的期待。城市安全是最基本也是最重要的诉求之一。桥梁是生命线工程的重要组成部分,关乎出行安全,主要包括桥梁正常使用安全及偶然作用(极端风荷载、地震等)下的安全。由于技术和经济发展的原因,占比较大的早期桥梁存在抗倾覆、抗震性能不足等问题,导致路网抗震韧性不足。大规模城市更新行动中,这些问题亟待解决。

桥梁抗震设计的发展趋势主要包括:更科学地认识地震作用、可复原减隔震体系进一步发展、路网系统的韧性化发展。

8.1 更科学地认识地震作用

随着地震监测技术的发展,很多学者逐渐意识到地震动的空间变化性和近断层效应也会对结构动力反应产生不可忽视的影响。其中,尤以近断层效应影响最大,近断层设计地震作用亟待更准确、规范化发展。

近断层地震动指到断层距离不超过 20 km 场地上的地震动。也有研究者认为,断层距界限值应取 20~60 km 较为合适。目前,对近断层地震动的定义和近断层范围的确定尚不统一。根据桥位与断层的关系,可分为近断层桥梁、跨断层桥梁(见图 8-1)。

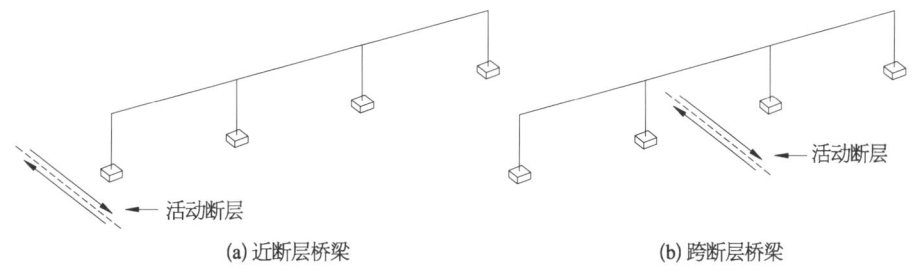

(a) 近断层桥梁　　　　　　　　　(b) 跨断层桥梁

图 8-1　断层与桥位的关系

近场地震特性明显不同于远场地震动,近断层地震动的特征参数随断层距的增加衰减很快,强地震动集中在以断层在地表投影为中心的一个狭窄的区域范围内。断层引发的工程场地灾害效应包括:

(1) 断层失稳快速错动引起的强地面运动,即地震动效应。

(2) 断层破裂在地表形成的地表破裂带,即强震地面破裂效应。

对于跨断层情况,结构响应具有显著的拟静力成分,表现为结构大变形,而动力响应可能会相对减弱。对于近断层情况,结构响应以动力响应为主,受脉冲成分影响明显。

近断层地震动的主要特征有上盘效应、方向性效应、永久位移效应和竖向效应等。其中,方向性效应和永久位移效应是产生近断层加速度和速度大脉冲的主要因素。

当代地震学普遍认为,强震的发生往往都伴随着活断层的错动。历次强震震害调查表明,近断层桥梁损毁最为严重。由于缺乏对近断层地震危险性的充分认识,我国规范主要采用避让性策略,尚未提出针对性的应对策略。因而,桥梁缺乏有效的应对性设计。

美国建筑统一规范(UBC,1997)率先从设计理论上考虑了断层对设计谱的影响,采用近场放大因子考虑近断层地震动效应对工程结构响应的影响。我国及日本也对近断层效应计算做出规定。但总体来说,目前规范考虑近断层的方法并不能科学地体现近断层对结构的影响,更准确规范化的近断层地震荷载仍需研究(见表 8-1)。

表 8-1 各国家或地区对地震近断层效应的考虑

美国建筑统一规范(UBC,1997)	采用近场放大因子考虑近断层地震动效应对工程结构响应的影响
日本 98 规范	通过地震作用来区分设计力水准的不同,修改弹性反应谱曲线参数
《建筑抗震设计规范》(GB 50011—2010)	当处于发震断层 10 km 以内时,输入地震波和反应谱应考虑近场影响系数,5 km 以内宜取 1.5,5 km 以外可取不小于 1.25
《公路桥梁抗震设计细则》(JTJ/T B02—2008)	桥址距有发生 6.5 级以上地震潜在危险的地震活断层 30 km 以内时,需根据桥梁类型考虑近断层效应
《公路桥梁抗震设计规范》(JTG/T 2231-01—2020)	桥梁工程场地范围内有发震断裂时,应对断裂的工程影响进行评价

针对近断层桥梁,我国《公路桥梁抗震设计规范》(JTGT 2231-01—2020)指出,当符合下列条件之一时,可不考虑发震断裂错动对桥梁的影响。

(1) 抗震设防烈度小于Ⅷ度。

(2) 非全新世活动断裂。

(3) 抗震设防烈度为 8 度和 9 度时,前第四纪基岩隐伏断裂的土层覆盖厚度分别大于 60 m 和 90 m。

当不满足上述条件时,宜采取下列措施:

(1) A 类桥梁宜避开主断裂,抗震设防烈度为Ⅷ度和Ⅸ度地区,其避开主断裂的距离即桥墩边缘至主断裂带外缘的距离分别不宜小于 300 m 和 500 m。

(2) A 类以下桥梁宜采用跨径较小、便于修复的结构。

(3) 当桥位无法避开发震断裂时,宜将全部墩台布置在断层的同一盘(最好是下盘)上;当不能将全部墩台布置在断层的同一盘时,宜进行专项研究。

工程实践表明,具有坚固基础的建筑物曾成功地抵抗住或转移了数英寸的地表破裂,结构物未发生破坏。优质配筋的筏式基础和内部拉接坚固的基础抵抗地表破裂的效果更好。当不能将全部墩台布置在断层的同一盘时,表明桥梁无法回避跨越发震断裂。这种情况下宜进行专项研究,以提出针对性的跨越发震断裂措施。目前,国内外尚无成熟的跨越发震断裂的工程措施,实际工程中以避让为主。

8.2 可复原减隔震体系进一步发展

目前,各国桥梁抗震规范是基于桥梁抗倒塌设计,即根据桥梁抗震需求,采用延性设计或减隔震设计来防止桥梁结构倒塌破坏,但对震后桥梁结构的功能性和可修复性没有明确的量化标准。特别是在罕遇地震后,桥梁结构的破坏有可能较难修复,受损桥梁拆除困难,或因修复时间较长而严重影响抗震救灾、震后应急使用和正常使用。因此,传统的以不倒塌、保护生命为目标的抗震设计理念已经不能满足要求,而需要结构具有高性能适应性与结构、功能系统的可恢复性。

近年来,桥梁抗震设计理念逐步由抗倒塌设计向功能可恢复设计(即如何使桥梁在地震后不需修复或稍许修复即可恢复其使用功能)方向发展。可恢复结构设计成为当前工程结构抗震的一个重要研究方向。在基于性能抗震设计方法的框架内,美国、日本和新西兰等国家越来越多地着眼于提升结构的震后恢复能力,以期通过结构设计最大限度地减少地震损失。而具有损伤控制和自复位能力的摇摆结构作为一种减震效果良好的结构体系受到了广泛关注,并在建筑工程领域首先得到了应用。

摇摆桥梁结构的减震机制如下:允许桥梁结构或结构构件发生界面分离并摇摆,降低结构侧向刚度,延长结构自振周期,起到一定隔震作用。利用地震中桥墩的摇摆,通过自重或者预应力等提供复位力(见图 8-2),控制桥梁震后残余位移,实现结构的可恢复。

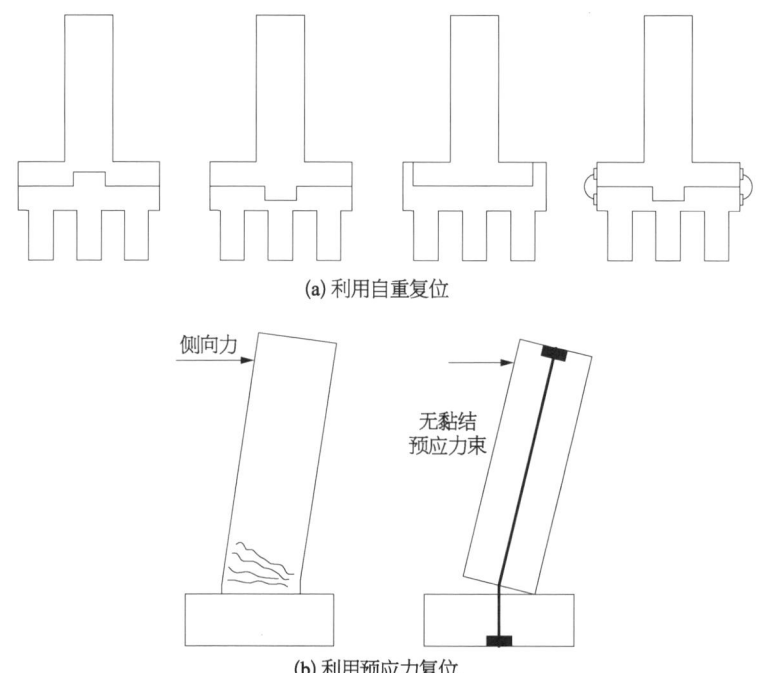

图 8-2 摇摆式桥墩

20 世纪 80 年代,新西兰 South Rangitikei 铁路桥为最早的新建摇摆桥梁,墩底设置耗能器、剪力销、弹性垫层与承台连接(见图 8-3)。

2016 年,我国首次把自复位摇摆桥梁新技术应用到实际桥梁工程中。该桥为 G3 京台高速(北京段)公路黄徐路分离式立交跨线桥,跨径布置为 40 m+40 m,桥宽 16 m。采用现浇预应力混凝土连续梁桥形式,墩高 6.8 m,矩形截面双柱墩尺寸为 1.4 m×1.6 m。中墩采用摇摆桥墩,两边墩设置滑板支座,边墩构造上设置抗震设施。摇摆桥墩分为三大部分:两端部设置摇摆界面的独立桥墩、墩柱内竖向无黏结预应力索、墩底耗能装置。分别在墩柱顶

8 桥梁抗震设计的发展趋势

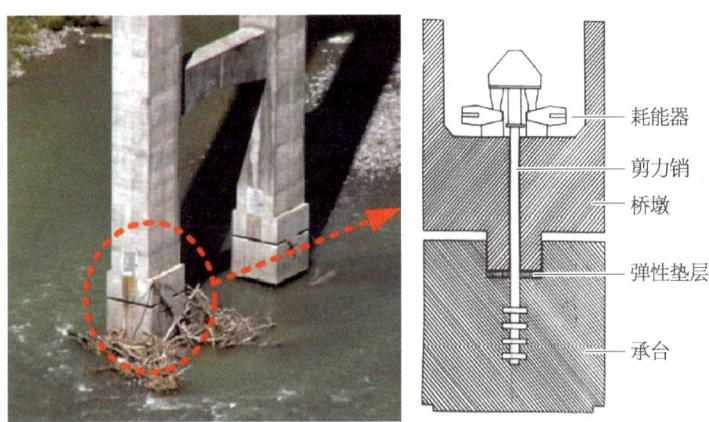

图 8-3 South Rangitikei 铁路桥桥墩局部构造

部和底部设置抗剪销和加强墩柱局部承压的构造，并在柱底承台钢板上加设防止墩柱发生扭转变形的限位措施，保证地震作用下结构具有足够的安全储备。黄徐路桥摇摆桥墩的具体构造如图 8-4 所示。

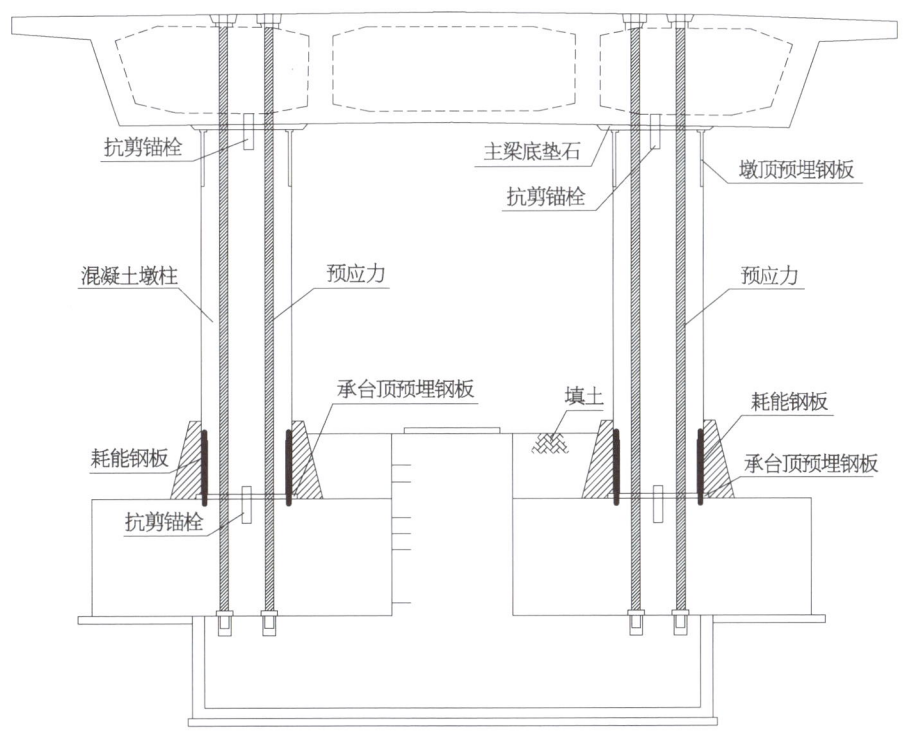

图 8-4 黄徐路桥摇摆桥墩的构造

摇摆桥梁结构可将结构损伤控制在摇摆界面上,避免主体结构破坏,且在变形位置采用不易受损的控制元件,并附加易于修复的耗能装置,进而显著提升摇摆桥梁结构的自复位能力和耗能能力。摇摆桥梁结构具有较好耐久性和稳定性的同时,可提供优良的抗震能力和震后恢复能力,且极适用于桥梁预制拼装技术的应用,使结构建造速度更快、质量更可控、环境影响更小,是现代桥梁结构抗震设计方法和先进建造技术的前沿领域。

8.3 路网系统的韧性化发展

作为生命线工程之一的桥梁,尤其是占路网重要地位的大型节点桥梁,一旦遭受地震破坏,将会导致巨大的直接和间接经济损失,并影响震后的灾区救援和重建工作。因而,人们对桥梁的抗震能力也越来越重视。为了提高我国公路、城市交通网的抗震能力,需从路网结点生命线、路网设防标准等多个角度加强研究,特别是做好既有路网中枢纽工程——桥梁结构的抗震能力评价,并对影响路网抗震能力的桥梁采取必要的加固措施,提高路网的抗震设防水平,对于高烈度区的路网尤其重要。

桥梁抗震的韧性指的是桥梁或道路系统在受到地震影响后,维持或迅速恢复其使用功能的能力。《建筑抗震韧性评价标准》(GB/T 38591—2020)规定了建筑抗震韧性评价的要求、建筑损伤状态判定、建筑修复费用计算、建筑修复时间计算、人员伤亡计算、建筑抗震韧性等级评价,适用于新建和既有建筑的抗震韧性评价。在工程实践中,如何基于路网的韧性去评价和看待桥梁抗震问题的研究尚不够深入。

路网的可恢复性本质是交通功能系统的韧性,是区域、城市防灾能力的本质要求。而我国现行规范依据桥梁所处的道路等级、桥梁跨径等考虑桥梁的抗震设防重要性,未考虑以下问题:

(1) 没有对线路担负的灾后救援功能进行全面考虑。

(2) 没有考虑灾后生命线工程在救援工作中是否具有唯一性。

(3) 无法保证路网在地震作用下的可靠性。

因此,按照路网等级的设防划分方式不是提高救灾生命线通行概率的最优方案,所有桥梁按照同一个标准确定抗震设防等级是不全面的。提高路网桥梁的系统抗震性能,关键是把握局部与整体的关系,针对交通薄弱区、路网密集区相应措施应有所区分。

在交通薄弱地区,由于地震破坏了当地仅有的交通线,容易形成地震孤岛。例如,1976年唐山地震中,津榆路芦台蓟运河大桥和滦县滦河大桥发生严重破坏(见图8-5),切断了唐山与天津和沈阳的联系(见图8-6),津榆路在地震发生后13天才得以恢复。

(a) 芦台蓟运河大桥倒塌

(b) 滦县滦河大桥倒塌

图8-5 唐山大地震典型桥梁震害

路网密集区如长三角地区交通网络较为发达,公路的建设使两地之间的交通线路变得多元化,交通运输线路具备一定的可选择性和可替代性。从这方面讲,该类地区路网桥梁系统的抗震韧性较好。但经济发达地区的震害损伤更大,设防标准在提高,作为救援生命线的路网桥

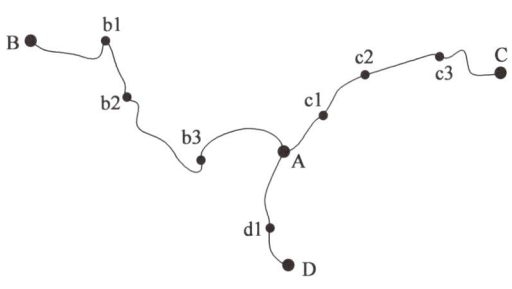

A—唐山;B—玉田;C—滦县;D—芦台
图8-6 唐山大地震时期交通路网图

梁系统可靠性仍不能保证。原因是路网中不同路段的桥梁结构建造年代、结构形式都存在差异,大量桥梁由于设计方法的不足、材料性能的劣化、设计荷载的变化及抗震设防目标的变化等因素,需要进行维修加固、性能提升,以保证路网的可靠性。而在交通薄弱区,这种状况更为严重。

路网可恢复性的本质是交通功能系统的韧性,是区域、城市防灾能力的本质要求。宜将桥梁的抗震设防标准与桥梁在路网中的重要性结合,通过改变路网桥梁的抗震设防标准,保证路网桥梁在地震中具有满意的连通可靠性,切实提高路网韧性。

参考文献

[1] 范立础,王志强.桥梁减隔震设计[M].北京:人民交通出版社,2001.

[2] 项海帆,等.桥梁概念设计[M].北京:人民交通出版社,2011.

[3] 范立础,卓卫东.桥梁延性抗震设计[M].北京:人民交通出版社,2001.

[4] 全国地震标准化技术委员会.中国地震动参数区划图:GB 18306—2015[S].北京:中国标准出版社,2016:6.

[5] 中华人民共和国交通运输部.公路桥梁抗震设计规范:JTG/T 2231-01—2020[S].北京:人民交通出版社,2020:9.

[6] 中华人民共和国住房和城乡建设部.城市桥梁抗震设计规范:CJJ 166—2011[S].北京:中国建筑工业出版社,2012:3.

[7] 中华人民共和国交通运输部.公路桥梁抗震设计细则:JTG/T B02-01—2008[S].北京:人民交通出版社,2008:10.

[8] 中华人民共和国住房和城乡建设部.建筑抗震韧性评价标准:GB/T 38591—2020[S].北京:中国标准出版社,2020:4.

[9] 全国地震标准化技术委员会.工程场地地震安全性评价:GB 17741—2005[S].北京:中国标准出版社,2006:1.

[10] 天津市城乡建设委员会.天津市市政公路桥梁减隔震设计规程:DB 29-23—2015[S].天津:天津市城乡建设委员会,2015:6.

[11] 日本道路协会.道路桥示方书·同解说Ⅴ耐震设计篇[M].东京:日本道路协会,2002.

[12] AASHTO (American Association of State Highway and Transportation Officials)[S]:Bridge Design Specifications,1998.

[13] EC8/2 — Eurocode 8:Design of Structures for Earthquake Resistance — Part 2:Bridges[S]. prENV 1998-2,May 1994,CEN,Brussels.

[14] The Japan Road Association. The road bridge shown Prescriptions explanation V seismic design[M]. Tokyo，2002.

[15] 袁万城,范立础.桥梁抗震的延性与隔震设计——从欧洲桥梁抗震规范探讨我国公路桥梁抗震规范的发展[J].同济大学学报(自然科学版),1994,22(4)：481-485.

[16] 管仲国,黄勇,张昊宇,等.青海玛多7.4级地震桥梁工程震害特性分析[J].世界地震工程,2021,37(3)：38-45.

[17] 杜修力,韩强.桥梁结构抗震分析与地震保护[M].北京：科学出版社,2019.

[18] 阪神高速公路株式会社.桥梁抗震与加固——从灾后应急修复到抗震维修加固[M].向上,张建东,编译.北京：中国建筑工业出版社,2013.

[19] 陈惠发,段炼.桥梁工程抗震设计[M].蔡中民,武军,等,译.北京：机械工业出版社,2008.

[20] 张鸿直.美国公路桥梁加固设计与实例[M].北京：中国建筑工业出版社,2015.

[21] 吕西林.可恢复功能防震结构：基本概念与设计方法[M].北京：中国建筑工业出版社,2019.

[22] 康斯坦丁诺.桥梁地震保护系统[M].陈永祁,马良喆,译.北京：中国铁道出版社,2012.

[23] 叶爱君.桥梁抗震[M].北京：人民交通出版社,2011.

[24] 范立础,李建中.汶川桥梁震害分析与抗震设计对策[J].公路,2009(5)：122-128.

[25] 黄龙生.连拱桥的振动试验及分析[J].工程抗震,1989(1)：38-41.

[26] 陈乐生.汶川地震公路震害调查：桥梁[M].北京：人民交通出版社,2012.

[27] 陈仁福.大跨悬索桥理论[M].成都：西南交通大学出版社,2015.

[28] [日]盐井幸武.长大桥梁科学[M].杜玲莉,译.北京：电子工业出版社,2016.

[29] 惠迎新,等.跨断层地表破裂带桥梁震害研究及抗震概念设计[J].公路交通科技,2014,31(10)：51-57.

[30] 袁涌,朱宏平,资道铭.高阻尼橡胶隔震支座的力学性能及隔震效果分析

研究[J].预应力技术,2011(1):20-24.
[31] 周良,李建中.城市桥梁抗震设计算例[M].北京:人民交通出版社,2017.
[32] 闫冬,袁万城.多跨连续梁桥横桥向抗震的概念设计[J].同济大学学报,2003,31(11):1275-1279.
[33] 曹新建.大型桥梁的抗震能力设计策略[D].上海:同济大学,2009.
[34] 王景明.唐山地震的地面破坏效应[J].地震研究,1987,10(4).
[35] 梁思成.赵县大石桥即安济桥[M].北京:中国建筑工业出版社,1982.
[36] 江成,吕吉应,许志强.赵州桥抗震性能的初步研究[J].工程质量,2014,32(11):38-40,44.
[37] 冯才钧.赵州桥志[M].北京:人民交通出版社,2015.